REINHARDT HESS

DIE LANDKÜCHE DER *Provence*

Kulinarische Reise durch Südfrankreich

AU LAIT CRU

REINHARDT HESS

DIE LANDKÜCHE DER *Provence*

Kulinarische Reise durch Südfrankreich

FOTOS VON MANUELA RÜTHER

KOSMOS

DIE LANDKÜCHE DER *Provence*

DAS IST *wirklich* WICHTIG

DARAUF KOMMT'S AN! **Hier erläutern wir alles, was zum Gelingen des Rezepts wirklich wichtig ist. Wo es sinnvoll ist, mit Bild, sonst auch ohne.**

Restaurant

SONNE AUF DEM TELLER

provenzalisch genießen

DIE KÜCHE DER ÖSTLICHEN MITTELMEERKÜSTE GEHÖRT ZU DEN BESTEN, DIE FRANKREICH ZU BIETEN HAT. BOUILLABAISSE, AÏOLI UND RATATOUILLE HABEN SCHON LANGE DIE WELT EROBERT.

Mit ihren Farben und Düften weckt die gesegnete Region wie kaum eine andere Frankreichs immer wieder Sehnsüchte nach Urlaub und lässiger Lebensart. Vom blauen Mittelmehr der Côte d'Azur über gelbe Sonnenblumenfelder zu violetten Lavendelfeldern im Hinterland, von silbrig glänzenden Olivenhainen zu grünen Rebflächen und Wäldern – alle Farben einer Malerpalette sind hier vertreten. Strand und schroffe Felsformationen, karge Böden und reiche Felder, eine Landschaft von herber, oft ungezähmter Schönheit. Kein Wunder, dass diese Region schon immer Künstler angelockt hat und Urlauber, die im Sommer die Küstenstraßen verstopfen.

Die echte provenzalische Küche lernt man als Tourist leider nur selten kennen. Im provenzalischen Hinterland werden die traditionellen regionalen Gerichte in den Familien das ganze Jahr über zubereitet. An der Küste erst wieder, wenn die Hauptsaison vorüber ist. Wie diese aussehen, lässt sich auf den schönen Bauernmärkten leicht erkennen, die es in jeder Stadt und in vielen Dörfern gibt. Die ganze Sinnesfreude der Provence ist auf den Tischen ausgebreitet: sonnengereifte, glänzende Tomaten, Auberginen, Zucchini und Zucchiniblüten, riesige Kürbisse und winzige Artischocken, grüne und schwarze Oliven, das delikate, milde Olivenöl und natürlich Knoblauch und Zwiebeln, Zitrusfrüchte aus der „Zitronenstadt" Menton, Pilze aus den Bergen und Sträuße von duftenden Kräutern. Die ländliche Küche der Region wird vom Gemüse geprägt, ergänzt durch Fisch und Meeresfrüchte an der Küste und durch Lamm- und Ziegenfleisch in den Bergregionen. Dazu kommt die Vielfalt der Weine, die hinter dem Küstenstreifen gedeihen.

Die Liebe zu den regionalen Produkten und eine gesunde, würzige Zubereitung kennzeichnen diese Landküche. Auch wenn es bei uns etwas schwieriger ist, die gleiche Qualität der frischen Produkte zu finden, ist es doch möglich, durch eine sorgfältige Auswahl der Zutaten und viel Liebe beim Kochen den Duft und den Geschmack des Südens zu uns nach Hause zu holen. Als Imbiss und Vorspeise, Einfaches für jeden Tag, etwas Besonderes und natürlich als Süßes zum Dessert.

LAVENDER
PARIS

CASSE-CROÛTES

Feine Kleinigkeiten

VOR ALLEM IM SOMMER LIEBEN DIE PROVENZALEN EINE KLEINIGKEIT ZU ESSEN FÜR ZWISCHENDURCH. ZUM BEISPIEL BEI EINEM PICKNICK AM STRAND ODER BEI EINER PAUSE IM SCHATTEN.

CUISINE

WÜRZIGE AROMEN
das Wesen der Landküche

SCHON BEIM GEDANKEN AN DIE PROVENZALISCHE KÜCHE SPIELEN DÜFTE DIE HAUPTROLLE. ES RIECHT KÖSTLICH NACH GEMÜSE UND OLIVENÖL, NACH KRÄUTERN UND LAVENDEL, KNOBLAUCH, TOMATEN UND LAMM.

EINFLÜSSE AUS ALLER WELT

Die traditionellen Gerichte der Provence haben ihre Wurzeln im Reichtum des Mittelmeers, in den fruchtbaren Flusstälern und Ebenen und in der Kargheit des Hinterlandes. Wenn auch das Meer heute nicht mehr so ergiebig ist wie früher, ist eine Küche ohne Fische und Meeresfrüchte kaum vorstellbar. Noch wichtiger sind allerdings die Gemüsegerichte in allen Variationen – roh oder geschmort, vom Grill oder aus dem Backofen. Dabei sind die Gemüse, die wir am meisten mit der provenzalischen Küche verbinden, aus fernen Ländern eingeführt worden: Tomaten, Paprikaschoten, Kartoffeln und Mais aus Amerika, Auberginen, Melonen, Zitrusfrüchte und Kichererbsen aus dem Orient. Die Griechen bescherten dem Land die Oliven und den Wein, die Römer brachten auf ihren Eroberungszügen ins südliche Gallien Aprikosen, Pfirsiche und Feigen mit.

KULINARISCHES ERBE

Trotz dieser Einflüsse aus aller Welt ist die Küche eigenständig geblieben und hat ihren ursprünglichen Charakter bewahrt. Das liegt vor allem am Wesen der Provenzalen, die dickfellig und traditionsbewusst sind und die neue Zutaten zwar angenommen, sie aber immer dem kulinarischen Erbe angepasst haben.

Dieses Erbe meint die aus der Armut geborene Kreativität, aus einfachen Zutaten ein umwerfend würziges Gericht zu schaffen.

Die kargen Landschaften der Macchie (französisch „maquis“) und der Garigue sind erst durch das Abholzen der Wälder entstanden. Doch auf den erodierten Flächen wuchsen statt Getreide und Gemüse die wilden Kräuter, die wie kein anderes Gewürz stellvertretend für die Region stehen: die „herbes de Provence“, die ursprünglich frisch verwendet wurden. Aus dem Dreiklang von würzigen Kräutern, fruchtig-mildem Olivenöl und reichlich Knoblauch entstand jener unverkennbare Duft nach der Landküche der Provence.

EINFACHER GENUSS

Nach Gemüse und Fisch stehen die Fleischgerichte erst an dritter Stelle. Und auch sie unterliegen dem Prinzip der Einfachheit: Wenn es keinen Wald und damit auch kein Wild gibt, dann kommt eben ein Huhn in den Topf. Schafe und Ziegen finden auch dort noch Futter, wo Kühe verhungern würden. Und während die edlen Fleischstücke in feinen Restaurants den Touristen serviert werden, schmoren die Hausfrauen die preiswerten Stücke stundenlang im Ofen, mit genauso beeindruckenden Ergebnissen.

TAPENADE
aus Oliven und Kapern

DIE SCHWARZE OLIVENPASTE MIT KAPERN WIRD AUFS BROT GESTRICHEN ODER ZU FLEISCH UND FISCH VOM GRILL SERVIERT.

Zutaten für 6 Portionen

- 5 in Salz eingelegte Sardellenfilets
- 200 g schwarze Oliven mit Stein
- 50 g Kapern (Glas)
- 1 Knoblauchzehe
- 1 Zweig Thymian
- 1 TL frisch gepresster Zitronensaft
- 1 TL Pastis (Anislikör; nach Belieben)
- 50 – 100 ml Olivenöl
- Salz, Pfeffer aus der Mühle

besonderes Werkzeug
- Mörser oder Blitzhacker

Zeitbedarf
- ca. 30 Minuten

So geht's

1. Die Sardellen unter kaltem Wasser abbrausen, dann in kaltes Wasser legen und 10 Minuten wässern **[→a]**. Inzwischen die Oliven trocken tupfen und das Olivenfleisch von den Steinen schneiden. Die Kapern abtropfen lassen. Den Knoblauch schälen und grob kleiner schneiden. Den Thymian waschen, trocken schütteln und die Blättchen abstreifen.
2. Die Sardellen mit Küchenpapier trocken tupfen und in Stücke schneiden. Die vorbereiteten Zutaten in einen Mörser geben und mit dem Stößel zu einer glatten Masse zerstampfen **[→b]**. Den Zitronensaft und nach Belieben den Pastis zugeben. Nach und nach das Olivenöl untermischen, bis eine glatte Paste entsteht.
3. Die Olivenpaste vorsichtig mit Salz (wegen der salzigen Sardellen) und kräftig mit Pfeffer abschmecken. In ein Schüsselchen füllen und bis zum Servieren etwas durchziehen lassen.

DIE VARIANTE | GRÜNE TAPENADE

4 Sardellen, 150 g grüne Oliven (ohne Stein), 35 g Kapern (Glas), 2 Knoblauchzehen, 100 ml Olivenöl, je 1 TL gehackte Estragon- und Oreganoblättchen, 1 TL Zitronensaft, Salz, Pfeffer aus der Mühle Sardellen wie oben beschrieben abbrausen und wässern. Oliven klein schneiden, Kapern abtropfen lassen, Knoblauch schälen. Alles im Mörser oder mit dem Blitzhacker zu einer Paste zerkleinern, Öl unterschlagen und mit Kräutern, Zitronensaft, Salz und Pfeffer abschmecken. Passt zu hellem Fleisch wie Hähnchen oder Kalb.

DAS IST *wirklich* WICHTIG

[a] SARDELLEN gibt es in Salz oder in Öl eingelegt. In Salzlake eingelegte Filets sollten vor der Weiterverarbeitung immer erst in einer Schüssel mit kaltem Wasser gewässert werden, damit sie später das Gericht nicht versalzen.

[b] MÖRSER Sollten Sie keinen haben, können Sie die Paste auch in einem Blitzhacker herstellen. Dann das Olivenöl erst nach dem Zerkleinern mit einem Schneebesen unterquirlen, sonst wird die Paste leicht bitter.

[a]

DAS IST *wirklich* WICHTIG

[a] RADIESCHEN besonders an den Blattansätzen gründlich waschen, hier sitzt oft Sand zwischen den Stielen. Aber nur die äußeren Blätter entfernen, die zarten inneren sind gut zum Festhalten und schmecken auch pikant-würzig.

SARDELLENSAUCE
mit rohem Gemüse

REIZVOLLES DIPVERGNÜGEN: BUNTES GEMÜSE WIRD IN EINE WARME SAUCE MIT SARDELLEN GETUNKT. IN DER PROVENCE HEISST SIE „BAGNA CAODA".

Zutaten für 4 Portionen

- 5 in Salz eingelegte Sardellenfilets
- 1 kleiner Blumenkohl (ca. 750 g)
- 4 Stangen Staudensellerie
- 1 große rote Paprikaschote
- 4 Möhren
- 2 kleine Zucchini
- 4 feste Tomaten
- 1 Bund Radieschen
- 4 Knoblauchzehen
- ½ Bund Petersilie
- 75 ml Weißweinessig
- ⅛ l Olivenöl
- Salz, Pfeffer aus der Mühle

Zeitbedarf

- ca. 45 Minuten

So geht's

1. Die Sardellenfilets kalt abbrausen und in kaltem Wasser ca. 10 Minuten wässern. Inzwischen das Gemüse waschen und putzen. Den Blumenkohl in kleine Röschen zerteilen, den Staudensellerie in 6–8 cm lange Stücke schneiden, dabei eventuell harte Fäden abziehen. Die Paprikaschote in Streifen schneiden, Möhren und Zucchini längs vierteln, Tomaten in Spalten schneiden. Von den Radieschen die Wurzeln und die größeren Blätter entfernen **[→a]**. Radieschen halbieren oder vierteln. Das Gemüse dekorativ auf einer großen Platte oder in Schälchen anrichten.
2. Für die Sauce den Knoblauch schälen und sehr fein hacken. Die Petersilie waschen, trocken schütteln, die Blättchen abzupfen und fein hacken. Die Sardellen mit Küchenpapier trocken tupfen und ebenfalls hacken.
3. In einem Topf den Essig mit Knoblauch erhitzen und die Flüssigkeit auf die Hälfte der Menge einkochen lassen. Die Sardellen zugeben und mit einem Kochlöffel im Sud zerdrücken. Petersilie unterrühren. Das Olivenöl mit einem Schneebesen kräftig unterschlagen und alles gut erwärmen. Die Sauce vorsichtig mit Salz und kräftig mit Pfeffer abschmecken, auf vier Schälchen verteilen und zum Eintunken mit dem Gemüse servieren.

DIE VARIANTE | OLIVEN-KNOBLAUCH-SAUCE

7 schwarze Oliven mit Stein, 5 Knoblauchzehen, 1 EL+100 ml Olivenöl, ⅛ l Weißwein, 1 Schuss Weißweinessig, Salz, Pfeffer aus der Mühle Das Olivenfleisch von den Steinen schneiden. Knoblauch schälen und mit den Oliven im Mörser oder Mixer zerkleinern. 1 EL Öl erhitzen, das Knoblauch-Oliven-Püree leicht darin andünsten, Wein angießen und etwas einkochen lassen. Restliches Öl unterschlagen und mit Weißweinessig, Salz und Pfeffer abschmecken.

ZIEGENFRISCHKÄSE
selbst gemacht

AUF DIESE TRADITIONELLE ART WURDE DER „BROUSSE" AUCH SCHON FRÜHER VON DEN HIRTEN HERGESTELLT. HEUTE FINDET MAN IHN LEIDER SOGAR IN DER PROVENCE VIEL ZU SELTEN.

Zutaten für 250 g

- 1 l Ziegenmilch (pasteurisiert; Bio-Laden)
- 2 TL Salz
- 50 ml Essig-Essenz (25 % Säure)

Zeitbedarf
- ca. 20 Minuten
- 30 Minuten abkühlen
- 3 Stunden abtropfen

So geht's

1. Die Milch in einen Topf füllen und bei mittlerer Hitze unter Rühren auf 85 °C erhitzen (am besten die Temperatur mit einem Bratenthermometer prüfen). Das Salz einrühren und den Topf vom Herd nehmen. Die Essig-Essenz mit 100 ml kaltem Wasser vermischen und rasch und zügig unter die heiße Milch rühren, bis sich der dicke, sogenannte Käsebruch von der Molke trennt. Falls die Ziegenmilch nicht gleich gerinnt, nochmals erhitzen, aber nicht kochen. Die Mischung 30 Minuten abkühlen lassen.
2. Ein feines Leinentuch (z. B. eine dicht gewebte Stoffserviette) anfeuchten und ein Sieb damit auslegen. Das Sieb in eine Schüssel oder einen Topf hängen. Die geronnene Ziegenmilch (den Käsebruch) vorsichtig mit einem Schöpflöffel in das Tuch gießen [→a]. Die Molke ca. 3 Stunden abtropfen lassen, bis ein fester, krümeliger Ziegenfrischkäse entstanden ist. In eine Schüssel füllen und zu einer glatten Masse verrühren. In einem gut verschließbaren Behälter und im Kühlschrank aufbewahrt hält sich der Käse so ca. 1 Woche.

SO SCHMECKT'S AUCH | FESTER BROUSSE **Für einen schnittfesten Käse, wie er im Rezeptbild zu sehen ist, den Ziegenfrischkäse nochmals in das mit dem Tuch ausgelegte Sieb geben. Die Tuchenden über dem Frischkäse übereinanderschlagen und mit einem Gewicht (z. B. einer Konservendose) beschweren und über Nacht pressen.**

[a]

DAS IST *wirklich* WICHTIG

[a] TRENNUNG Damit Frischkäse entsteht, muss die Käsemasse der Ziegenmilch von der Molke getrennt werden. Schöpfen Sie darum nur die geronnenen Bestandteile, den Käsebruch, in das Sieb. Die Molke, die im Topf übrig bleibt, wird nicht weiterverwendet.

OLIVENCREME

mit Paprika

DIE DUNKELROTE „OLIVADE“ AUS GERÖSTETEN PAPRIKASCHOTEN SCHMECKT AUF RÖSTBROT UND WÜRZT FLEISCH- ODER FISCHSAUCEN.

Zutaten für 4 Portionen

- 3 rote Paprikaschoten
- 3 EL Olivenöl
- 50 g schwarze Oliven mit Stein
- 1–2 Knoblauchzehen
- 1 EL Kapern (Glas)
- 1 – 2 TL frisch gepresster Zitronensaft
- 1 TL mildes Paprikapulver
- ½ TL getrocknete Kräuter der Provence
- Salz, Pfeffer aus der Mühle

besonderes Werkzeug

- Blitzhacker oder Mixer

Zeitbedarf

- ca. 35 Minuten

So geht's

1. Den Backofen auf höchster Stufe mit der Grillfunktion (Umluft 200 °C) 5 Minuten vorheizen. Inzwischen die Paprika waschen, längs halbieren und putzen, an den Enden jeweils etwas einschneiden. Ein Backblech mit Alufolie auslegen, mit ca. 1 EL Olivenöl bestreichen, die Paprikahälften mit den Schnittflächen nach unten darauflegen und flach drücken. Im Ofen (oben) ca. 10 Minuten grillen, bis die Haut fast schwarz ist und Blasen wirft.
2. Inzwischen die Oliven trocken tupfen und das Olivenfleisch von den Kernen schneiden. Den Knoblauch schälen und grob zerkleinern. Die Kapern abtropfen lassen.
3. Die Paprikaschoten aus dem Ofen nehmen und etwas abkühlen lassen. Dann die Haut abziehen und die Schoten in grobe Stücke schneiden. Mit Oliven, Knoblauch und Kapern im Blitzhacker oder Mixer zu einer glatten Creme zerkleinern, dabei den Zitronensaft zugeben. Zum Schluss das restliche Olivenöl untermischen und die Creme mit Paprikapulver, Kräutern, Salz und Pfeffer abschmecken. Am besten bis zum Servieren etwas durchziehen lassen.

DIE VARIANTE | TOMATEN-OLIVADE

50 g in Öl eingelegte, getrocknete Tomaten, 30 g schwarze Oliven mit Stein, 3 Knoblauchzehen, 2 Stängel Basilikum, 4 – 5 EL Olivenöl, frisch gepresster Zitronensaft, Paprikapulver, Salz, Pfeffer aus der Mühle Die Tomaten abtropfen lassen und in kleinere Stücke schneiden. Das Olivenfleisch von den Kernen schneiden. Knoblauch schälen, Basilikum abbrausen und trocken tupfen, die Blättchen abzupfen. Alles im Mixer oder Blitzhacker pürieren. Das Olivenöl unterschlagen und mit den restlichen Zutaten abschmecken.

FISCHPÜREE *mit Knoblauch*

KLASSISCH WIRD DIE „BRANDADE" MIT STOCKFISCH ZUBEREITET. HEUTE WIRD HÄUFIG AUCH KURZ GESALZENES KABELJAUFILET VERWENDET.

Zutaten für 4 Portionen

- 300 g Kabeljaufilet (am besten vorbestellen)
- 2 EL grobes Meersalz
- 1 große Kartoffel, Salz
- 100 – 125 ml Milch
- 100 ml Olivenöl
- 2 Knoblauchzehen
- ½ TL abgeriebene Bio-Zitronenschale
- 1 – 2 TL frisch gepresster Zitronensaft
- 1 Prise Cayennepfeffer
- Pfeffer aus der Mühle

Zeitbedarf
- ca. 20 Minuten
- ca. 30 Minuten ziehen lassen

So geht's

1. Das Fischfilet kalt abbrausen, mit Küchenpapier trocken tupfen und rundum mit grobem Meersalz einreiben. Abgedeckt 20 Minuten ziehen lassen. Die Kartoffel waschen, schälen und in grobe Stücke schneiden. In wenig Salzwasser zugedeckt in ca. 20 Minuten weich kochen.
2. Vom Fischfilet übrige Salzkörner abstreifen, dann den Fisch in einem Topf mit Wasser bedecken, einmal aufkochen und den Topf vom Herd nehmen. Zugedeckt in 7 Minuten gar ziehen lassen.
3. Die Kartoffelwürfel abgießen. Das gare Fischfilet abtropfen lassen und zerpflücken, dabei die Gräten entfernen. Fischfilet und Kartoffelstücke mit etwas Milch und der Hälfte Olivenöl mit einem Kartoffelstampfer zerdrücken. Den Knoblauch schälen und dazupressen. Alles kräftig durchrühren und nach und nach das übrige Olivenöl und die restliche Milch unterschlagen, bis ein cremigfließendes Püree entstanden ist. Mit Zitronenschale und Saft, Cayennepfeffer und Pfeffer würzen, am besten lauwarm servieren.

Dazu frisch geröstete Baguettescheiben und einen Roséwein, z. B. einen Fumet de Provence, servieren.

DIE VARIANTE | STOCKFISCHPÜREE

400 g Stockfisch (getrockneter Kabeljau), Milch, 100 ml Olivenöl, Pfeffer aus der Mühle, 1 – 2 TL frisch gepresster Zitronensaft Den Stockfisch in kaltem Wasser 2 Tage entsalzen, währenddessen das Wasser öfter wechseln. Kabeljau in einem Topf mit Milch bedecken und bis knapp unter den Siedepunkt erhitzen, Topf vom Herd nehmen. Den Fisch 10 Minuten ziehen lassen, aus der Milch heben, zerpflücken und Haut und Gräten entfernen. Fischfleisch mit dem Öl in einem Topf erwärmen und zerdrücken, dabei so viel Milch zugießen, bis ein glattes Püree entstanden ist. Mit Pfeffer und Zitronensaft abschmecken.

MESKI
Huile
d'Olive
Vierge Extra

OLIVEN
das Gold der Provence

KAUM EINE MAHLZEIT OHNE GRÜNE ODER SCHWARZE OLIVEN, KAUM EIN GERICHT OHNE OLIVENÖL. ABER SOWOHL FRÜCHTE ALS AUCH ÖL AUS DER PROVENCE SIND BEI UNS SELTEN ZU FINDEN, SO HOCH IST DER VERBRAUCH IM LAND SELBST.

OLIVENFRÜCHTE

Olivenbäume mögen das Klima am Mittelmeer am liebsten: Heiße lange Sommer, aber auch etwas Kälte im Winter, damit sie zur Blüte angeregt werden. Sie wurzeln in den steinigsten Böden, ertragen lange Trockenheit und können mehrere hundert Jahre alt werden. Je härter die Bedingungen, umso geringer der Ertrag, aber umso besser die Qualität der Oliven und des daraus gepressten Öls. Daneben entscheiden auch die Olivensorte und der Erntezeitpunkt über den Geschmack. Im Oktober werden zuerst die unreifen, grünen Oliven zum Einlegen geerntet. Da sie sehr herb sind, müssen sie vorher ein paar Tage in Salzwasser entbittert werden. Beliebt sind die „olives cassées“ von Les Baux, die leicht angequetscht und dann mit Knoblauch, Kräutern und Fenchel eingelegt werden. Die reif geernteten violetten kleinen Oliven, wie die aus Nizza, schmecken kräftiger. Fast schwarz geerntet, ist ihr Fruchtfleisch weich. Dann werden die Früchte vor dem Einlegen oft angetrocknet.

OLIVENÖL

Die Oliven für die Ölproduktion werden ab Ende Oktober geerntet, wenn sie nicht mehr grün, aber auch noch nicht violett sind. In diesem Stadium geben sie ein besonders fruchtig-mildes Öl ab. Für sehr hochwertige Öle, wie die aus dem Vallée des Baux, werden die Früchte heute noch von Hand gepflückt, so lässt sich der optimale Reifezustand am besten erkennen. Rationeller ist das Abreißen der Früchte mit einem grobzinkigen Rechen oder das maschinelle Rütteln der Äste, wodurch allerdings der Anteil an unreifen und überreifen Oliven größer wird. Genauso wichtig wie der Reifegrad ist die rasche Verarbeitung der Ernte. Liegen die Oliven zu lange herum, steigt der Anteil an unerwünschter Säure und das Öl verliert an Milde und Aroma.

Ehe die Oliven ihr Öl hergeben, müssen sie zu Brei zermahlen und dann gepresst werden. Früher wurde der Fruchtbrei auf Hanfmatten gestrichen und stapelweise unter Druck gesetzt, heute arbeiten die meisten Ölmühlen mit großen Zentrifugen, die mit hoher Geschwindigkeit die festen Bestandteile und das Fruchtwasser vom reinen Olivenöl abtrennen. Wird dabei das Pressgut nicht erwärmt, darf sich das Öl „kaltgepresst“ oder „natives Olivenöl extra“ nennen.
Die besonders begehrten und delikaten Öle kommen aus der Gegend von Nyons, Aix-en-Provence und um Nizza. Sie schmecken allesamt mild, mit einer leichten Süße und deutlichen Aromen nach grünen Kräutern und frischen Nüssen.

NIZZA-SALAT

mit Thunfisch und Bohnen

UNENDLICH VIELE ABWANDLUNGEN GIBT ES VOM KLASSISCHEN „SALADE NIÇOISE“, DER URSPRÜNGLICH NUR AUS ROHEN ZUTATEN BESTAND.

Zutaten für 4 Portionen

- 300 g frische grüne Bohnen
- Salz
- 200 g kleine reife Tomaten
- 1 kleiner Romanasalat
- 150 g Thunfisch (Dose)
- 6 in Salz eingelegte Sardellenfilets
- 2 milde weiße Zwiebeln
- 16 Oliven (ohne Stein; möglichst violette und grüne gemischt)
- 1–2 Knoblauchzehen
- 3 EL Weißweinessig
- 1 TL scharfer Senf
- Pfeffer aus der Mühle
- 6 EL Olivenöl

Zeitbedarf

- ca. 40 Minuten

So geht's

1. Die Bohnen putzen und waschen, in ca. 4 cm lange Stücke schneiden. Reichlich Wasser aufkochen, kräftig salzen und die Bohnen darin in 8–12 Minuten gar kochen.
2. Inzwischen die Tomaten waschen, vierteln oder achteln und dabei die Stielansätze herausschneiden. Die Salatblätter vom Strunk ablösen. Blätter waschen, gut trocken schütteln und in ca. 2 cm breite Streifen schneiden.
3. Die gegarten Bohnen in ein Sieb abgießen, mit kaltem Wasser abschrecken und abtropfen lassen. Den Thunfisch in Stücke zerpflücken. Die Sardellenfilets unter kaltem Wasser abbrausen, mit Küchenpapier trocken tupfen und in kleine Stücke schneiden. Die Zwiebeln schälen, längs vierteln und quer in nicht zu dünne Streifen schneiden.
4. Auf einer Platte oder auf Tellern Salatstreifen, Bohnen, Tomaten, Thunfisch und Sardellen mit den Zwiebeln und den Oliven locker anrichten.
5. Für die Vinaigrette den Knoblauch schälen und zu dem Essig pressen, mit Senf, Salz und Pfeffer verrühren. Das Olivenöl kräftig unterschlagen **[→a]**. Zum Servieren gleichmäßig über die angerichteten Salatzutaten träufeln.

KÜCHENGEHEIMNIS | ABSCHRECKEN **mit eiskaltem Wasser stoppt den Garvorgang. Dadurch behalten die Bohnen ihren Biss und die schöne grüne Farbe.**

DAS IST *wirklich* WICHTIG

[a] VINAIGRETTE HERSTELLEN Das Olivenöl langsam und nach und nach mit einem Schneebesen unter die anderen Zutaten schlagen, bis eine glatte, cremige Sauce entstanden ist, die gut an den Zutaten haftet.

ROGGENBRÖTCHEN

zum Belegen

AUS ÜBRIG GEBLIEBENEM „SALADE NIÇOISE" UND ZWEI SCHEIBEN BROT MACHTEN SICH FRÜHER DIE FISCHER EIN MITTAGESSEN. DARAUS WURDE DAS BELIEBTE „PAN BAGNAT" FÜR ZWISCHENDURCH.

Zutaten für 8 Brötchen

- ½ Päckchen Hefe
- 650 g Weizenmehl Type 550
- 2 TL Salz
- 50 g Roggenmehl Type 997
- Mehl für die Arbeitsfläche

Zeitbedarf

- ca. 30 Minuten
- ca. 8 Stunden ruhen
- 20–25 Minuten backen

So geht's

1. Für den Teigansatz die Hefe in 300 ml lauwarmes Wasser rühren. In einer großen Schüssel 250 g Weizenmehl, Salz und Hefewasser verrühren, bis ein klümpchenfreier, flüssiger Teig entstanden ist. Die Schüssel mit Frischhaltefolie abdecken und den Teig bei Zimmertemperatur 4–6 Stunden gehen lassen.
2. Nach der Gehzeit weitere 150 ml lauwarmes Wasser unter den Teigansatz rühren, dann nach und nach die restlichen 400 g Weizenmehl und das Roggenmehl untermischen. Den Teig mindestens 10 Minuten kräftig kneten, bis er ganz glatt ist. Den Teig zu einer Kugel formen, dick mit Mehl bestreuen und zugedeckt ca. 1 Stunde gehen lassen, bis er gut aufgegangen ist.
3. Den Teig noch einmal kräftig durchkneten und in 8 gleich große Stücke teilen. Die Stücke auf einer mit Mehl bestäubten Arbeitsfläche zu Kugeln rollen. Ein Backblech mit Backpapier auslegen und die Kugeln mit Abstand daraufsetzen. Mit einem leicht angefeuchteten Tuch abdecken und wieder ca. 1 Stunde gehen lassen, bis die Kugeln doppelt so dick geworden sind.
4. Den Backofen auf 240 °C (Ober- und Unterhitze; Umluft 220 °C) vorheizen, dabei eine hitzefeste Schale mit Wasser auf den Backofenboden stellen. Die Brötchen mit Wasser bestreichen und im heißen Ofen (Mitte) in 20–25 Minuten mittelbraun backen. Die Brötchen aus dem Ofen nehmen, auf einem Kuchengitter abkühlen lassen und je nach Gusto belegen.

SO SCHMECKT´S AUCH | GROSSES LANDBROT Dafür die ganze Teigkugel auf das Backblech setzen, gehen lassen, die Oberfläche mehrmals tief einschneiden und bei 220 °C ca. 20 Minuten backen, dann die Hitze auf 200 °C reduzieren und das Brot weitere 30 Minuten backen, bis es schön gebräunt ist.

FLADEN
aus Kichererbsenmehl

DIE SPEZIALITÄT AUS NIZZA WIRD SEHR HEISS ALS „SOCCA" AUF MÄRKTEN UND AN STRASSENECKEN ANGEBOTEN. ALS KLEINER IMBISS DIREKT VON DER HAND IN DEN MUND SCHMECKT DER FLADEN AM BESTEN.

Zutaten für 4 Portionen

- 350 g Kichererbsenmehl (Bio-Laden)
- Salz
- 75 ml Olivenöl
- grob gemahlener schwarzer Pfeffer

Zeitbedarf

- ca. 15 Minuten
- 4 Stunden ruhen
- 20 Minuten backen

So geht's

1. Das Kichererbsenmehl mit einer kräftigen Prise Salz in eine Schüssel geben und nach und nach 400–500 ml Wasser unterrühren, bis die Masse glatt, klümpchenfrei und ziemlich flüssig ist. Die Schüssel abdecken und den Teig ca. 4 Stunden ruhen lassen.
2. Den Backofen auf 240 °C (Ober- und Unterhitze; Umluft 220 °C) vorheizen. Die Hälfte des Öls in eine flache, möglichst rechteckige Backform gießen und durch Schwenken in der Form verteilen. Den Kichererbsenteig mit dem restlichen Öl vermischen und in die Form gießen. Den Fladen im Ofen (Mitte) 15–20 Minuten backen, bis er schön gebräunt ist. Wenn sich während des Backens Blasen bilden, diese mit einer Gabel aufstechen. Ist der Fladen nach der Backzeit noch zu hell, kurz den Grill zuschalten.
3. Den Fladen aus dem Ofen nehmen, mit reichlich grobem Pfeffer bestreuen, in Stücke schneiden und sofort ganz heiß servieren.

Dazu passt ein Glas kühler Rosé von den Côtes de Provence.

BUNTES GEMÜSE
mit Oliven und Sardellen

GEMÜSE ODER SALAT? AUF JEDEN FALL IST DIE „JARDINIÈRE DE LÉGUMES“ EIN WÜRZIG-HERZHAFTES FRÜHJAHRSGERICHT.

Zutaten für 4 Portionen

- 350 g kleine neue Kartoffeln
- Salz
- 1 kleiner Blumenkohl (ca. 750 g)
- 1 große rote Paprikaschote
- 6 in Salz eingelegte Sardellenfilets
- 2 Knoblauchzehen
- 5 EL frisch gepresster Zitronensaft
- 8 EL Olivenöl
- Salz, Zucker
- 3 dicke Frühlingszwiebeln
- 16 Oliven (ohne Stein; möglichst grüne und violette gemischt)
- 2 EL Kapern (Glas)
- grober schwarzer Pfeffer aus der Mühle

besonderes Werkzeug
- Mörser

Zeitbedarf
- ca. 40 Minuten
- ca. 25 Minuten garen

So geht's

1. Die Kartoffeln gründlich waschen, ungeschält in wenig Salzwasser bei aufgelegtem Deckel ca. 25 Minuten kochen, bis sie gar sind. Den Blumenkohl in kleine Röschen zerteilen, waschen und in Salzwasser in 4–6 Minuten bissfest kochen. Kartoffeln und Blumenkohl in ein Sieb abgießen, abtropfen und etwas auskühlen lassen.
2. Inzwischen die Paprika waschen, putzen und in feine Streifen schneiden. Die Sardellen unter kaltem Wasser abbrausen, trocken tupfen und in Stücke schneiden. Den Knoblauch schälen, mit der Hälfte der Sardellenstücke im Mörser zerstoßen. Sardellenpüree mit dem Zitronensaft vermischen und das Olivenöl kräftig unterschlagen. Sauce mit Salz und Zucker abschmecken.
3. Die Kartoffeln ungepellt in ca. 1 cm dicke Scheiben schneiden, mit etwas Sauce vermischen und auf einer Platte anrichten. Die Blumenkohlröschen und die Paprikastreifen darüber verteilen. Die Frühlingszwiebeln waschen, Wurzelenden und welke Blätter entfernen. Die weißen Knollen in Spalten und die grünen Blätter in feine Ringe schneiden. Beides über das Gemüse streuen.
4. Das Gemüse mit Oliven, Kapern und den restlichen Sardellen garnieren. Mit grobem Pfeffer überstreuen und mit der übrigen Sauce beträufeln. Nach Belieben vor dem Servieren noch 15 Minuten durchziehen lassen.

Dazu passt knuspriges Baguette und ein frischer Rosé von den Côtes de Provence.

SO SCHMECKT'S AUCH | MIT ARTISCHOCKEN **Statt Paprika 1 Dose Artischockenböden (ca. 250 g Abtropfgewicht) abtropfen lassen, in breite Streifen schneiden und über Kartoffeln und Blumenkohl verteilen.**

EIERKUCHEN
mit Mangold

DIE „TROUCHIA“ VON DER CÔTE D’AZUR WIRD WARM MIT SALAT UND BAGUETTE GEGESSEN ODER KALT ZUM PICKNICK MITGENOMMEN.

Zutaten für 4 Portionen

- 1 kleine Mangoldstaude (ca. 500 g)
- 3 Frühlingszwiebeln
- 2 Knoblauchzehen
- ½ Bund Petersilie
- 2 Stängel Basilikum
- 1 Zweig Thymian
- 5 EL Olivenöl
- Salz, Pfeffer aus der Mühle
- 6 Eier (Größe M)
- 50 g frisch geriebener harter Ziegenkäse
- 2 EL frisch geriebener Parmesankäse

Zeitbedarf

- ca. 30 Minuten
- 20 – 25 Minuten garen

So geht's

1. Den Wurzelansatz des Mangolds großzügig abschneiden, die Stiele auseinanderlösen, waschen und abtropfen lassen. Von den äußeren Stielen nur die grünen Blätter [→a], von den inneren auch die Stiele in feine ca. 0,5 cm breite Streifen schneiden. Die Frühlingszwiebeln waschen, Wurzelenden und welke Blätter enfernen, Zwiebeln hacken. Knoblauch schälen. Kräuter waschen und trocken schütteln, die Blättchen abzupfen bzw. abstreifen und fein hacken.
2. In einer großen Pfanne 3 EL Öl erhitzen. Zwiebeln und Mangoldstreifen darin bei schwacher bis mittlerer Hitze ca. 10 Minuten dünsten, ab und zu umrühren. Den Knoblauch dazupressen, die Kräuter unterrühren, alles salzen und pfeffern. Die Pfanne vom Herd nehmen und das Gemüse etwas abkühlen lassen.
3. Die Eier in einer Schüssel leicht verquirlen, ohne dass sich Schaum bildet. Das Gemüse und die beiden geriebenen Käsesorten untermischen, mit Salz und Pfeffer abschmecken.
4. In der Pfanne 1 EL Öl erhitzen, die Eiermasse hineingießen und bei etwas stärkerer Hitze in 5 – 7 Minuten garen, bis die Unterseite goldbraun und die Oberfläche gestockt ist. Den Eierkuchen auf einen großen Teller gleiten lassen, das übrige Öl in die Pfanne geben. Dann den Kuchen mit der ungebackenen Seite nach unten zurück in die Pfanne geben und in weiteren ca. 5 Minuten goldbraun fertig braten. Auf einen Teller geben und wie eine Torte in Stücke schneiden. Warm servieren oder abkühlen lassen.

DAS IST *wirklich* WICHTIG

[a] MANGOLDSTIELE von der äußeren Schicht der Staude sind nicht zart genug für den Eierkuchen und müssen darum entfernt werden. Dafür einfach mit einem kleinen Messer die grünen Blattteile vom Stiel abschneiden.

[a]

Huile d'Oliv
EAU
Fleurs d'Oranger
Supérieu
EXTRA
EPOISSES
Appellation d'origine protégée
BERTHAUT
250.
UNION
Le M
Sarkozy c
ience de

DÉJEUNERS

Mittagessen

BEI SOMMERLICHER HITZE SIND LEICHTE GERICHTE BELIEBT. SÄTTIGENDE SALATE, GEFÜLLTE GEMÜSE ODER FISCH SIND DA GENAU DAS RICHTIGE FÜR EINEN MEDITERRANEN MITTAGSTISCH.

AïL VIOLET de PIOLENC.
50 cts LA TÊTE
5€ /kg

PAYS
Mesclun
1€
PROVENCE: cat II
Melonge
EXOTIQUE

FRISCHES VOM FELD
in großer Vielfalt

DANK DES MILDEN MITTELMEERKLIMAS GIBT ES SCHON ZEITIG IM FRÜHJAHR DIE ERSTEN FREILANDGEMÜSE. VON ARTISCHOCKEN BIS ZUCCHINI UND NATÜRLICH KNOBLAUCH – SIE ALLE SPIELEN DIE HAUPTROLLEN IN DER KÜCHE DER PROVENCE.

VON GUTER QUALITÄT

Wie die Freigabe des jungen Beaujolais Primeurs im Herbst wird in Südfrankreich im Frühjahr die erste Gemüseernte gefeiert. Vor allem aus den einstigen Sumpfgebieten an der Rhône, den „marais“, kommen schon ab Ende März Artischocken und Spargel, zarte Möhren, winzige Bohnen und Erbsen, Blumenkohl und Fenchel. Seit etlichen Jahren haben sich dort ganze Dörfer zu nachhaltiger Landwirtschaft entschlossen und produzieren nur noch Biogemüse. Deren „eco-primeurs“ sind natürlich viel aromatischer als das Gemüse, das wir zu dieser Zeit aus nördlichen Treibhäusern erhalten. So glaubt man gern, dass die mit nur wenig Fleisch gefüllten Gemüse, die „petits farcis“, hier ihren Ursprung haben sollen. Überhaupt haben Qualität und Herkunft der Produkte in der Provence einen hohen Stellenwert. Dadurch sind auch andere kleinere Regionen berühmt für ihre Spezialitäten. Wie z.B. der grüne Spargel von den Sandböden der Durance rund um Lauris, der mit seinem Geschmack schon vor vielen Generationen das englische Königshaus erfreute. Das Dorf Piolenc nördlich von Orange ist bekannt für seinen Knoblauch, der Ende April frisch geerntet noch grün ist. Später gibt es ihn auch in Weiß und in Rosa, wobei letzterer der aromatischste ist. In der Gemeinde Châteaurenard südlich von Avignon wird nicht nur Salat und Wirsing, sondern auch eine spezielle grüne Paprikasorte angebaut. Die weißen Artischocken aus Hyères und die überall angebauten violetten Sorten werden ab März bis in den Winter hinein geerntet und am liebsten ganz frisch und roh gegessen. Tomaten in vielen Varianten, Auberginen in Violett und Weiß, rundliche und längliche Zucchini und die Kürbisse vervollständigen das Gemüseangebot.

KLEINER, ABER FEINER

Genauso wichtig wie das Gemüse ist der Salat, den es in der Provence in reicher Vielfalt gibt. Vom Kopf- über Eichblatt- und Bataviasalat und von hellgelb bis violett – auf den Märkten sind die verschiedensten Sorten zu finden. Oft sind die Köpfe kleiner und die Blätter nicht so makellos wie bei uns, dafür aber viel frischer und aromatischer. Eine Besonderheit ist der „mesclun“, ursprünglich eine Spezialität aus der Gegend um Nizza, die aus vielen verschiedenen grünen Salatsorten bestand. Heute wird darunter eine bunte Mischung verschiedener Blattsalate wie Eichblattsalat, Romana, Feldsalat, Radicchio und Chicorée, meist ergänzt durch Kräuter wie Brunnenkresse, Löwenzahn, Kerbel und Petersilie angeboten.

AÏOLI
mit Fisch und Gemüse

DIE KNOBLAUCHSAUCE STEHT IN DER PROVENCE AUCH ALS „GRAND AÏOLI" FÜR EIN GERICHT MIT FISCH UND VIEL GEMÜSE.

Zutaten für 4 Portionen

- 6–8 Knoblauchzehen
- Salz, 1 frisches Eigelb
- ¼ l mildes Olivenöl
- 6 kleine festkochende Kartoffeln
- 1 Bund zarte Möhren
- 2 kleine Fenchelknollen
- 300 g frische grüne Bohnen
- 2 kleine Zucchini
- ½ Blumenkohl
- 500 g Kabeljaufilet (am besten vorbestellen)
- 1 EL frisch gepresster Zitronensaft
- 4 hartgekochte Eier
- frisch gemahlener schwarzer Pfeffer

besonderes Werkzeug

- Mörser

Zeitbedarf

- ca. 1 Stunde

So geht's

1. Für die Sauce den Knoblauch schälen, in grobe Stücke schneiden und in einem Mörser mit 1 Prise Salz zermusen. Mithilfe eines Schneebesens den Knoblauch und das Eigelb in einer Schüssel gut verrühren. Das Öl langsam zugeben, dabei ständig rühren **[→a]**. Bis zum Gebrauch kalt stellen.
2. In einem großen Topf reichlich Wasser aufkochen, kräftig salzen. Das Gemüse waschen. Kartoffeln und Möhren schälen und im kochenden Salzwasser ca. 15 Minuten garen. Inzwischen den Fenchel vierteln und den Strunk herausschneiden. Die Bohnen putzen und mit dem Fenchel zu den Kartoffeln und Möhren in den Topf geben. Alles offen weitere 5 Minuten garen. Die Zucchini längs vierteln und ebenfalls 5 Minuten mitkochen lassen. Inzwischen den Blumenkohl in Röschen zerteilen. Dann das gare Gemüse mit einem Schaumlöffel aus dem Wasser heben. Jetzt den Blumenkohl in den Topf geben und in ca. 15 Minuten bissfest kochen.
3. Währenddessen den Fisch in einem flachen Topf knapp mit Wasser bedecken, mit Salz und Zitronensaft würzen. Zugedeckt bis fast zum Siedepunkt erhitzen, den Topf vom Herd nehmen, den Fisch noch 4–5 Minuten ziehen lassen, dann aus dem Sud heben. Den Blumenkohl in ein Sieb abgießen und abtropfen lassen.
4. Die Eier pellen und halbieren. Das Gemüse und den Fisch nach Belieben in mundgerechte Stücke teilen. Alles zusammen auf einer großen Platte oder getrennt in Schälchen anrichten. Mit Pfeffer übermahlen und mit der Aïoli servieren.

KÜCHENGEHEIMNIS | GLEICHE TEMPERATUR **Alle Zutaten für die Aïoli müssen die gleiche Temperatur haben, sonst kann die Sauce gerinnen.**

[a]

DAS IST *wirklich* WICHTIG

[a] LANGSAM ZUGEBEN Geben Sie das Öl erst tropfenweise zur Eigelb-Knoblauch-Creme. Wird die Eigelbmischung dicker, können Sie etwas schneller arbeiten und das restliche Öl in einem dünnen Strahl dazufließen lassen. Die Sauce ist fertig, wenn sie dickflüssig ist und einen schönen Glanz hat.

KARTOFFELSALAT
arlesische Art

IN ARLES-SUR-RHÔNE AM RHÔNE-DELTA WERDEN KARTOFFELN UND AUBERGINEN ZU EINEM PIKANTEN SALAT KOMBINIERT.

Zutaten für 4 Portionen

- 1 Aubergine (ca. 400 g)
- Salz
- 700 g festkochende Kartoffeln
- 500 g Tomaten
- 3–4 Knoblauchzehen
- 6 EL Olivenöl
- Pfeffer aus der Mühle
- 3 EL Weißweinessig
- 1–2 milde weiße Zwiebeln
- 1 Bund Petersilie

Zeitbedarf
- ca. 35 Minuten
- 20 Minuten schmoren
- 30 Minuten abkühlen

So geht's

1. Die Aubergine waschen und putzen, in ca. 1 cm große Würfel schneiden. Die Würfel in ein Sieb geben, mit ½ TL Salz vermischen und 20 Minuten ziehen lassen.
2. Inzwischen die Kartoffeln waschen, schälen und ebenfalls ca. 1 cm groß würfeln. Aus den Tomaten den Stielansatz keilförmig herausschneiden. Die Tomaten in einer Schüssel mit kochendem Wasser überbrühen. Wenn die Haut anfängt, sich zu lösen, Tomaten abgießen und abschrecken, dann häuten und klein würfeln, dabei entkernen. Den Knoblauch schälen und hacken. Die Auberginenwürfel kalt abbrausen, gut trocken tupfen.
3. In einer großen Pfanne mit Deckel 4 EL Olivenöl erhitzen. Die Auberginenwürfel darin bei starker Hitze braten, bis sie rundum gebräunt sind. Die Kartoffelwürfel und den Knoblauch zugeben, nur kurz mitbraten. Dann die Tomaten zugeben, mit Salz und Pfeffer würzen. Zugedeckt bei schwacher bis mittlerer Hitze ca. 20 Minuten schmoren lassen, bis die Kartoffelwürfel gar sind. Alles in eine Schüssel füllen und 30 Minuten abkühlen lassen.
4. Für die Sauce den Essig mit Salz und Pfeffer verquirlen, das restliche Olivenöl unterschlagen. Die Sauce unter den Kartoffelsalat mischen. Die Zwiebeln schälen und in Scheiben schneiden, zu Ringen aufblättern. Die Petersilie waschen und trocken schütteln, die Blättchen abzupfen und fein hacken. Beides über dem Salat verteilen. Lauwarm servieren.

Dazu frisches Baguette und einen würzigen Rosé, z. B. einen Coteaux d'Aix-en-Provence, servieren.

SO SCHMECKT'S AUCH | BESONDERER ANLASS **Soll es mal ein bisschen feiner sein, können Sie unter den Salat zusätzlich einige gewürfelte Artischockenböden mischen.**

LINSENSALAT
mit Ziegenkäse

DER „SALADE DE LENTILLES VERTES" WIRD GERN AUF PROVENZALISCHEN VORSPEISENTELLERN MIT OLIVENPASTE (TAPENADE) SERVIERT.

Zutaten für 4 Portionen

- 200 g grüne Puy-Linsen (Bio-Laden)
- 1 Lorbeerblatt
- 1 Möhre
- 100 g Kirschtomaten
- 3 Frühlingszwiebeln
- 2 Zweige Thymian
- je 2 Stängel Basilikum und Petersilie
- ¼ Bund Schnittlauch
- 3 EL Weißweinessig
- Salz, Pfeffer aus der Mühle
- 1 Knoblauchzehe
- 5 EL Olivenöl
- 100 g Ziegenfrischkäse (Kühlregal oder s. Rezept Seite 16/17)

Zeitbedarf

- ca. 30 Minuten
- 20 – 25 Minuten garen

So geht's

1. Die Linsen in einem Sieb abbrausen, abtropfen lassen. Dann in einem Topf mit Wasser bedecken, das Lorbeerblatt zugeben und aufkochen. Bei schwacher Hitze zugedeckt 20 – 25 Minuten garen.
2. Inzwischen die Möhre schälen und in ganz feine Streifen schneiden. Dafür die Möhre quer dritteln. Die Stücke längs erst in Scheiben, diese dann in Streifen schneiden. Die Tomaten waschen und vierteln. Frühlingszwiebeln waschen, Wurzelenden und welke Blätter entfernen. Die Zwiebeln in feine Ringe schneiden. Die Kräuter waschen und trocken schütteln, die Blättchen abzupfen und fein schneiden. Schnittlauch in feine Röllchen schneiden.
3. Die garen Linsen in ein Sieb abgießen und abtropfen lassen, das Lorbeerblatt entfernen. Linsen in einer Schüssel mit den vorbereiteten Zutaten vermischen.
4. Den Essig mit Salz und Pfeffer verrühren. Den Knoblauch schälen und dazupressen. Das Öl unterschlagen und die Sauce unter die Linsen mengen. Nach Belieben etwas durchziehen lassen. Zum Servieren den Ziegenfrischkäse darüber bröckeln.

Dazu schmeckt knusprig geröstetes Brot und ein saftig-fruchtiger Weißwein von den Côtes du Luberon.

HÜLSENFRÜCHTE *und roter Reis*

REIS UND HÜLSENFRÜCHTE WIE ERBSEN, LINSEN UND BOHNEN GEHÖREN SCHON IMMER ZU DEN NAHRHAFTEN SÄULEN EINER EINFACHEN KÜCHE. IN DER PROVENCE LIEBT MAN SIE BESONDERS FARBENPRÄCHTIG.

ROTER REIS

Der kräftig rot gefärbte Reis, der in der Camargue zwischen Les Saintes-Maries und Arles vor allem von Biobauern angebaut wird, ist eine ganz spezielle Sorte. Möglicherweise entstand sie als zufällige Kreuzung aus indischem Langkornreis, der schon seit dem 19. Jahrhundert zum Entwässern und Entsalzen des Rhône-Schwemmlands kultiviert wurde, und einem roten Wildgras, das hier verbreitet ist. Der Reis bleibt fast naturbelassen. Nur die Spelzen werden entfernt, die darunterliegenden gefärbten Häutchen und die Keimlinge bleiben erhalten, und damit auch die wertvollen Vitamine und Mineralstoffe. Seine Garzeit beträgt gut 40 Minuten, dabei werden die Körner noch dunkler – fast granatrot, der Kern bleibt wie bei anderen Reissorten weiß. Die Körner schmecken kräftig, nussig, sind schön bissfest, aber zarter als gewöhnlicher brauner Naturreis.

ZARTE BOHNEN

Frische dicke Bohnen, die „fèves", bei uns auch abfällig „Saubohnen" genannt, gibt es im Frühjahr auf allen Märkten. Ganz jung schmecken die ausgepalten Bohnenkerne auch roh, dickere werden kurz überbrüht und dann von ihren graugrünen, harten Häuten befreit. Besonders gern werden sie mit den jungen violetten Artischocken und mit Tomaten zu Gemüsegerichten vereint. Ursprünglich wurden die Bohnen fast nur getrocknet zu deftigen Eintöpfen verkocht, ähnlich den Cassoulets aus dem benachbarten Languedoc. Aber auch dort bevorzugt man heute stattdessen die weißen, zarteren Bohnen aus Tarbes oder dem Lauragais.

FEINE LINSEN

Auch wenn die grünen Linsen von Le Puy, die „lentilles vertes", aus der Auvergne nördlich der Provence stammen, sind sie wegen ihres nussigen Geschmacks und ihres kernigen Bisses sehr beliebt. Diese Edel-Hülsenfrüchte verdanken ihre Farbe dem speziellen Klima am Rand des Zentralmassivs: Bei reichlich Sonne, wenig Regen, aber viel Wind reifen sie nicht vollständig aus, behalten eine dünne Schale und entwickeln kaum die mehlig schmeckende Stärke, die andere Linsen auszeichnet. So sind sie ohne vorheriges Einweichen in knapp einer halben Stunde gar. Ideal für Salate und leichte Suppen.

DAS IST *wirklich* WICHTIG

[a] BOHNEN PALEN Wenn die Bohnenkerne noch klein und grün sind, ist die weiße Haut, die sie umschließt, noch zart und muss nicht entfernt werden. Sind die Häute aber schon grau und hart, sollten sie abgezogen werden. Dafür mit dem Daumennagel die Haut in der Beuge der Bohne einritzen und abziehen.

[a]

DINKELSUPPE
mit dicken Bohnen

VON MAI BIS AUGUST, WENN ES DICKE BOHNEN GIBT, WIRD DIE „SOUPE D'ÉPEAUTRE" GEKOCHT. DAFÜR SIND GEDULD UND ZEIT GEFRAGT – ZWEI DINGE, DIE DIE PROVENZALEN HABEN.

Zutaten für 4 Portionen

- 150 g Dinkelkörner
- 200 g reife Tomaten
- 1 Zwiebel
- 3 Knoblauchzehen
- 1 Möhre
- 1 Stange Staudensellerie
- je 1 Zweig Rosmarin und Oregano
- 4 Salbeiblätter
- 100 g roher Schinken (am Stück, ohne Schwarte)
- 5 EL Olivenöl
- 1 ½ l Gemüsebrühe
- Salz, Pfeffer aus der Mühle
- 500 g frische dicke Bohnen
- frisch geriebene Muskatnuss

Zeitbedarf

- ca. 30 Minuten
- ca. 1 Stunde garen
- über Nacht einweichen

So geht's

1. Dinkel mit kaltem Wasser bedecken und über Nacht einweichen.
2. Den Dinkel in ein Sieb abgießen. Aus den Tomaten den Stielansatz herausschneiden. Die Tomaten in einer Schüssel überbrühen. Wenn die Haut anfängt, sich zu lösen, Tomaten abgießen und abschrecken, dann häuten und in grobe Stücke schneiden. Zwiebel und Knoblauch schälen, fein hacken. Möhre und Sellerie waschen, die Möhre schälen, dann beides sehr klein würfeln. Die Kräuter waschen und trocken schütteln. Blättchen abzupfen und mit dem Salbei hacken. Den Schinken klein würfeln.
3. In einem Suppentopf 3 EL Olivenöl erhitzen. Zwiebel, Knoblauch, Möhre und Sellerie, Kräuter und den Schinken bei mittlerer Hitze 2–3 Minuten andünsten. Tomaten zugeben und kurz mitdünsten. Die Brühe angießen und die Dinkelkörner einrühren. Salzen, pfeffern und zugedeckt bei schwacher Hitze ca. 1 Stunde garen.
4. Inzwischen die dicken Bohnen bei Bedarf aus den Hülsen palen [→a], in einem Sieb abbrausen, dann zu den fertig gegarten Dinkelkörnen geben und 5 Minuten mitkochen. Die Suppe mit Salz, Pfeffer und Muskat abschmecken. In Teller verteilen und mit dem restlichen Olivenöl beträufelt servieren.

DIE VARIANTE | KICHERERBSENSUPPE

200 g Kichererbsen, 1 ½ l Gemüsebrühe, 100 g durchwachsener Speck (am Stück), 200 g Tomaten, 1 Zwiebel, 3 Knoblauchzehen, 1 Möhre, 1 Stange Staudensellerie, je 1 Zweig Rosmarin und Oregano, 4 Salbeiblätter, 1 EL Olivenöl, Salz, Pfeffer aus der Mühle Kichererbsen über Nacht einweichen, abgießen und in der Brühe 1 ½ Stunden köcheln lassen. Speck klein würfeln. Gemüse und Kräuter wie oben vorbereiten und andünsten, dann alles zu den Erbsen geben und weitere ca. 30 Minuten köcheln lassen.

GEMÜSESUPPE
mit Basilikumpaste

DIE „SOUPE AU PISTOU“ IST EINE SPEZIALITÄT AUS NIZZA. SIE STAMMT URSPRÜNGLICH AUS ITALIEN, WO DIE PASTE „PESTO“ HEISST.

Zutaten für 4 Portionen

- 350 g frische grüne Bohnen
- 1 kleine Stange Lauch
- 300 g mehligkochende Kartoffeln
- 2 große Tomaten
- je 2 Zweige Bohnenkraut, Majoran und Thymian
- ¾ l Gemüsebrühe
- 2 Knoblauchzehen
- 1 großes Bund Basilikum
- Salz, Pfeffer aus der Mühle
- 3 EL Olivenöl
- 150 g Makkaroni (ersatzweise Hörnchennudeln)
- 50 g frisch geriebener Gruyère-Käse

besonderes Werkzeug

- Mörser

Zeitbedarf

- ca. 30 Minuten
- 35 – 40 Minuten garen

So geht's

1. Die Bohnen waschen, Enden abschneiden und dabei bei Bedarf entfädeln. Bohnen in fingerbreite Stücke schneiden. Den Lauch putzen, längs aufschlitzen, waschen und in ca. 0,5 cm breite Stücke schneiden. Die Kartoffeln waschen, schälen und 1 – 2 cm groß würfeln. Tomaten häuten und ohne Stielansatz würfeln. Kräuter abbrausen und mit Küchengarn zu einem Sträußchen binden.
2. In einem Suppentopf Bohnen, Lauch und Kartoffeln mit Brühe und ½ l Wasser aufkochen, das Kräutersträußchen zugeben und alles zugedeckt bei mittlerer Hitze ca. 25 Minuten garen.
3. Inzwischen für den Pistou den Knoblauch schälen und fein hacken. Basilikumblätter abzupfen und nur feucht abreiben. Beides mit 1 Prise Salz und Pfeffer im Mörser zu einer glatten Paste zerstoßen. Öl nach und nach unterrühren.
4. Makkaroni in kleine Stücke brechen und mit den Tomaten zur Suppe geben. Offen weitere 10 – 15 Minuten leise köcheln lassen, bis die Nudeln bissfest sind. Kräutersträußchen entfernen. Suppe kräftig salzen und pfeffern. Ca. 3 EL Brühe mit dem Pistou mischen. Die Hälfte des Pistou mit dem Käse unter die Suppe rühren, den Rest zur Suppe servieren.

DIE VARIANTE | PÜRIERTE GEMÜSESUPPE

1 kleine Stange Lauch, je 2 Zweige Bohnenkraut, Majoran und Thymian, 2 große Zwiebeln, 300 g mehligkochende Kartoffeln, 500 g Tomaten, 2 EL Olivenöl, Salz, Pfeffer aus der Mühle Kräuter in ein abgelöstes Lauchblatt wickeln und mit Küchengarn verknoten. Zwiebeln und Kartoffeln schälen. Tomaten häuten, alles grob würfeln und im heißen Öl andünsten, 1 l Wasser angießen und mit dem Kräuterbündel ca. 30 Minuten bei mittlerer Hitze kochen. Die Suppe ohne Kräuterbündel nicht zu fein pürieren. Abschmecken.

STAUB

[a]

DAS IST *wirklich* WICHTIG

[a] ZUCCHINI VORBEREITEN Für Zucchinifächer jeweils die Hälften mehrmals längs bis zum Stielansatz, in einem Abstand von ca. 0,5 cm, einschneiden. Am Stielansatz aber nicht durchschneiden, damit die Scheiben dort noch zusammenhalten.

ZUCCHINIFÄCHER *aus dem Ofen*

DIE „COURGETTES EN ÉVENTAIL" WERDEN UM TOMATEN ERGÄNZT UND AUF EINEM BETT AUS ZWIEBELN, KRÄUTERN UND OLIVEN GESCHMORT.

Zutaten für 3–4 Portionen

- 750 g gelbe und grüne Zucchini
- 500 g reife Fleischtomaten
- 2 weiße Zwiebeln
- 4 Knoblauchzehen
- 4 EL Olivenöl
- Salz, Pfeffer aus der Mühle
- je 1 Zweig Bohnenkraut, Oregano und Thymian
- 300 ml trockener Weißwein
- 1 Lorbeerblatt
- 6 schwarze Oliven (ohne Stein)

Zeitbedarf

- ca. 40 Minuten
- 45 Minuten garen

So geht's

1. Die Zucchini waschen und längs halbieren. Die Hälften so in Scheiben schneiden, dass sie fächerförmig auseinandergezogen werden können [→a].
2. Aus den Tomaten den Stielansatz herausschneiden. Die Tomaten in einer Schüssel überbrühen. Wenn die Haut anfängt sich zu lösen, Tomaten abgießen und abschrecken, dann häuten, halbieren und in dünne Scheiben schneiden. Die Zwiebeln und den Knoblauch schälen und ebenfalls in dünne Scheiben schneiden.
3. Den Backofen auf 200 °C (Ober- und Unterhitze; Umluft 180 °C) vorheizen. Eine Auflaufform mit 1 EL Olivenöl ausstreichen. Den Boden mit der Hälfte der Zwiebel- und Knoblauchscheiben auslegen. Die Zucchini, mit den Schnittflächen nach unten, darauf fächerförmig verteilen, in die Einschnitte die Tomatenscheiben stecken [→a]. Mit Salz und Pfeffer würzen.
4. Die Kräuter waschen und trocken schütteln. Die Blättchen abzupfen und mit Wein und Lorbeer in einem Topf erhitzen. Die Oliven klein hacken und mit den restlichen Zwiebeln und dem Knoblauch über die Zucchinifächer verteilen, fest andrücken. Den heißen Wein seitlich angießen und das übrige Olivenöl darüberträufeln.
5. Die Auflaufform mit einem Deckel oder mit Alufolie abdecken und die Zucchinifächer im Ofen (Mitte) 30 Minuten garen. Dann den Ofen abschalten, die Form aber weitere 15 Minuten im Ofen lassen. In der Form servieren.

Dazu schmeckt frisches Baguette und ein fruchtiger Weißwein von den südlichen Côtes du Rhône, z. B. ein Vacqueyras blanc.

SO SCHMECKT'S AUCH | ALS VORSPEISE **Etwas abgekühlt, werden die „courgettes en éventail" in der Provence gerne vor dem Hauptgericht serviert. Dann reichen die angegebenen Mengen für ca. 6 Personen.**

OFENTOMATEN

mit Paprikaschoten

IN NIZZA SEHR BELIEBT: DIE „LU TOÙRMATI OÙ FOURN“, WIE SIE IM PROVENZALISCHEN DIALEKT GENANNT WERDEN.

Zutaten für 4 Portionen

- 700 g rote Paprikaschoten
- 5 EL Olivenöl
- 800 g reife Tomaten
- je 1 Zweig Thymian und Salbei
- 1 Stängel Basilikum
- 1 Bund Petersilie
- Salz, Pfeffer aus der Mühle
- 3 EL kleine Kapern
- 3 EL Semmelbrösel

Zeitbedarf
- ca. 30 Minuten
- 35 Minuten garen

So geht's

1. Den Backofen auf höchster Stufe mit der Grillfunktion (Umluft 200 °C) 5 Minuten vorheizen. Inzwischen die Paprika waschen, längs halbieren und putzen, an den Enden jeweils etwas einschneiden. Ein Backblech mit Alufolie auslegen, mit 1 EL Öl bestreichen, die Paprikahälften mit den Schnittflächen nach unten darauflegen und flach drücken. Im Ofen (oben) ca. 10 Minuten grillen, bis die Haut fast schwarz ist und Blasen wirft.
2. Die Schoten etwas abkühlen lassen. Den Backofen auf 230 °C (Ober- und Unterhitze; Umluft 210 °C) zurückschalten. Die Paprika enthäuten und in breite Streifen schneiden. Die Tomaten häuten und ohne Stielansatz in ca. 0,5 cm dicke Scheiben schneiden. Die Kräuter waschen, trocken schütteln und die Blättchen fein hacken.
3. Eine flache Gratinierform mit 1 EL Öl ausstreichen. Jeweils abwechselnd eine Schicht Tomatenscheiben und einige Paprikastreifen einschichten. Dabei jede Schicht mit Salz, Pfeffer und den gehackten Kräutern würzen. Mit einer Tomatenschicht abschließen. Alles mit den Kapern und den Semmelbröseln bestreuen, das restliche Olivenöl darüberträufeln **[→a]**.
4. Den Auflauf im Ofen (Mitte) ca. 25 Minuten backen, bis die Brösel schön gebräunt sind. Etwas abgekühlt in der Form servieren.

DIE VARIANTE | MARINIERTE PAPRIKASCHOTEN

700 g rote Paprikaschoten, je 1 Zweig Thymian und Salbei, 1 Stängel Basilikum, 1 Bund Petersilie, 75 g schwarze Oliven (ohne Stein), 4 in Salz eingelegte Sardellenfilets, 3 Knoblauchzehen, 75 ml Olivenöl Die Paprika und Kräuter wie im Rezept oben vorbereiten. Oliven in Scheiben schneiden. Sardellen abbrausen und in Stücke schneiden. Alles in eine Form schichten. Knoblauch pressen, mit Öl vermischen und über die Paprika gießen. Abdecken und über Nacht im Kühlschrank durchziehen lassen.

[a]

DAS IST *wirklich* WICHTIG

[a] ZUM SCHLUSS den Auflauf mit einer Schicht Tomatenscheiben bedecken. Dadurch bleibt er schön saftig. Die Semmelbrösel werden besonders knusprig, wenn Sie das Olivenöl schön gleichmäßig über die Semmelbrösel gießen.

TOMATENGRATIN
mit Ziegenkäse

FRÜHER WURDE DER „TIAN DE TOMATES“ IN GROSSEN FLACHEN STEINGUTFORMEN ZUM BÄCKER GEBRACHT UND IM OFEN GEBACKEN.

Zutaten für 4 Portionen

- 1 kg reife Tomaten
- 3 rote Zwiebeln
- 3 Knoblauchzehen
- Salz, Pfeffer aus der Mühle
- 1 Bund Thymian
- 200 g Ziegenfrischkäse (Kühlregal oder s. Rezept Seite 16/17)
- 5 EL Olivenöl

Zeitbedarf

- ca. 30 Minuten
- 1 Stunde garen

So geht's

1. Die Tomaten waschen und die Stielansätze herausschneiden. Die Tomaten in ca. 1 cm dicke Scheiben schneiden. Die Zwiebeln und den Knoblauch schälen. Die Zwiebeln in hauchdünne Scheiben schneiden oder hobeln. Die Tomaten- und die Zwiebelscheiben abwechselnd dachziegelartig in eine große Auflaufform schichten. Mit Salz und Pfeffer würzen und den Knoblauch darüberpressen.
2. Den Backofen auf 175 °C (Ober- und Unterhitze; Umluft 160 °C) vorheizen. Den Thymian waschen, trocken schütteln und die Blättchen über den Auflauf zupfen. Den Ziegenfrischkäse darüberbröckeln und alles mit dem Olivenöl beträufeln.
3. Das Tomatengratin im heißen Backofen (Mitte) 1 Stunde garen. Warm als Gemüsegericht oder als Beilage zu Fleisch oder Fisch vom Grill servieren.

SO SCHMECKT'S AUCH | AUFS BROT **Dicke Brotscheiben auf beiden Seiten grillen, warmen Tian darauf verteilen, noch etwas frischen Ziegenfrischkäse darüberbröckeln und als Vorspeise servieren.**

GEMÜSEAUFLAUF
aus Auberginen und Tomaten

DIE MISCHUNG AUS GLEICHEN TEILEN AUBERGINEN UND TOMATEN, „BOHÉMIENNE" GENANNT, IST EBENSO BELIEBT WIE DIE RATATOUILLE.

Zutaten für 4 Portionen

- 1 kg Auberginen
- 1 kg Tomaten
- 3 Knoblauchzehen
- 60 ml Olivenöl
- 2 in Salz eingelegte Sardellenfilets
- 2 EL Mehl
- 150 ml Milch
- Salz, Pfeffer aus der Mühle
- 3 EL Semmelbrösel

Zeitbedarf

- ca. 25 Minuten
- 50 – 60 Minuten garen

So geht's

1. Die Auberginen waschen, mit einem Sparschäler schälen und in ca. 1 cm große Würfel schneiden. Aus den Tomaten den Stielansatz entfernen. Die Tomaten in einer Schüssel überbrühen. Wenn die Haut anfängt, sich zu lösen, Tomaten abgießen und abschrecken, dann häuten, halbieren und entkernen. Das Fruchtfleisch klein würfeln. Den Knoblauch schälen und fein hacken.
2. In einer Schmorpfanne 20 ml Olivenöl erhitzen. Auberginen, Tomaten und Knoblauch darin offen bei mittlerer Hitze ca. 20 Minuten dünsten, bis das Gemüse ganz weich ist.
3. Inzwischen den Backofen auf 190 °C (Ober- und Unterhitze; Umluft 175°C) vorheizen. Die Sardellenfilets abbrausen und trocken tupfen. In einem kleinen Topf weitere 20 ml Öl erhitzen und die Sardellen darin bei mittlerer Hitze unter Rühren dünsten, bis sie zu Brei zerfallen. Das Sardellenöl zum Gemüse geben.
4. Das Mehl mit der Milch verrühren und ebenfalls unter das Gemüse mischen. Mit Salz und Pfeffer abschmecken und in eine flache Auflaufform füllen. Die Semmelbrösel darüberstreuen und das restliche Olivenöl darüberträufeln. Im heißen Ofen (Mitte) 20 – 30 Minuten backen, bis die Oberfläche schön gebräunt ist.

Schmeckt am besten lauwarm mit frischem Baguette als fleischloses Hauptgericht.

SO SCHMECKT'S AUCH | OHNE SARDELLEN **Wenn Sie keine Sardellen mögen, können Sie auch eine Handvoll schwarze Oliven (ohne Stein) in feine Streifen schneiden und im Öl sachte dünsten.**

DAS IST *wirklich* WICHTIG

[a] AUBERGINEN gut mit Salz vermischen, damit alle Würfel damit in Berührung kommen. Das Salz entzieht den Auberginen überschüssiges Fruchtwasser, wodurch sie beim Anbraten besser bräunen.

[a]

RATATOUILLE

Klassiker aus Nizza

KAUM ZU GLAUBEN, DASS DAS PROVENZALISCHE GEMÜSEGERICHT ERST IM 20. JAHRHUNDERT ÜBER DIE GRENZEN HINAUS BEKANNT WURDE.

Zutaten für 4 Portionen

- 500 g Auberginen
- Salz
- 400 g Zucchini
- je 1 große rote und grüne Paprikaschote
- 2 weiße Zwiebeln
- 2 Knoblauchzehen
- 4 EL Olivenöl
- 500 g reife Tomaten
- Pfeffer aus der Mühle
- 1 Stängel Basilikum
- je 1 Zweig Thymian und Oregano
- 1 TL frisch gepresster Zitronensaft
- 1 Prise getrocknete Lavendelblüten (nach Belieben)

Zeitbedarf

- ca. 35 Minuten
- 45 Minuten schmoren

So geht's

1. Auberginen waschen, putzen und mit einem Sparschäler schälen. Das Fruchtfleisch in 2–3 cm große Würfel schneiden. Mit ½ TL Salz vermischen und in einem Sieb abtropfen lassen [→a]. Die Zucchini waschen, putzen und in ebenso große Stücke schneiden. Paprika waschen, halbieren, Stielansätze, weiße Trennwände und Kerne entfernen. Paprika in breite Streifen schneiden. Zwiebeln und Knoblauch schälen, in grobe Stücke schneiden.
2. Die Auberginen mit Küchenpapier gut trocken tupfen. In einer großen Schmorpfanne das Olivenöl erhitzen. Auberginenwürfel darin bei starker Hitze in ca. 7 Minuten rundum hellbraun anbraten, dabei öfter vorsichtig mit einem Spatel wenden. Dann auf mittlere Hitze schalten und die Zucchinistücke zugeben und weitere 5 Minuten bräunen. Die Zwiebeln und den Knoblauch zugeben und bei etwas verminderter Hitze wiederum 5 Minuten braten. Die Paprikastücke zugeben und alles offen schmoren lassen.
3. Inzwischen aus den Tomaten den Stielansatz herausschneiden. Die Tomaten in einer Schüssel überbrühen. Wenn die Haut anfängt, sich zu lösen, Tomaten abgießen und abschrecken, dann häuten, in Stücke schneiden und unter das Gemüse mischen.
4. Das Ratatouille salzen und pfeffern. Die Kräuter waschen und trocken schütteln, Blättchen abzupfen und fein schneiden. Zitronensaft und nach Belieben Lavendel unter das Gemüse rühren. Weiter 30 Minuten zugedeckt bei schwacher Hitze schmoren. Warm oder abgekühlt servieren.

Dazu schmeckt frisches Baguette. Zum kalten Ratatouille passt ein fruchtiger Rosé, zum warmen ein leichter Rotwein wie ein Coteaux du Tricastin.

Thym
Boutons de rose
4,60€ les 25g
Pavot
3€ les 50g
5,50€ les 100g
Estragom
4,60€ les 25g
7,70€ les 50g
Camomille
Oignons
ANETH

SEL DE CAMARGUE AUX HERBES DE PROVENCE
SEL DE CAMARGUE
SEL DE CAMARGUE AUX HERBES DE PROVENCE

KRÄUTER & SALZ

für noch mehr Aroma

HITZE UND TROCKENHEIT VERHELFEN DEN KRÄUTERN ZU INTENSIVEM AROMA UND TROCKNEN DAS MEERWASSER ZU BEGEHRTEM SALZ.

LANGE TRADITION

Genau wie Knoblauch und Olivenöl sind frische oder getrocknete Kräuter in Südfrankreich nicht aus der Küche wegzudenken. Von überall her duftet es intensiv nach den aromatischen Gewächsen, die allerorts angebaut werde und die Gerichte meist in frischer Form verfeinern. Vor allem in den höher gelegenen Gebieten der Provence hat die Verwendung von Gewürz- und noch mehr von Heilkräutern eine sehr lange Tradition. Dort, auf den trockenen kargen Hochplateaus, können Thymian und Majoran, Rosmarin, wilder Fenchel und das pfeffrige Bergbohnenkraut, die Sarriette, ein extrem würziges Aroma entwickeln.

AROMAKOMBINATIONEN

Die Mischung aus getrockneten „herbes de Provence" ist ein beliebtes Mitbringsel der Touristen und einer der erfolgreichsten Exportartikel. In der provenzalischen Küche selbst richtet sich die Verwendung von Kräutern aber vielmehr nach dem Gericht, das zubereitet wird, und auch nach den persönlichen Vorlieben der Köchin oder des Kochs. Wilder Thymian, Rosmarin und Lorbeer werden zu Fisch und dunklem Fleisch wie Lamm verwendet, denn diese Kräuter sind verdauungsfördernd. Kerbel, Estragon und Fenchel würzen Fisch vom Grill. Der herbe Salbei harmoniert gut mit deftigem Schweinefleisch, Basilikum und Estragon ergänzen Tomaten- und Geflügelgerichte. Der aromatisch-harzige Lavendel, der in der Parfümstadt Grasse auch für Duftessenzen verwendet wird, passt zu vielen Mischungen, wird aber traditionell nicht mit Rosmarin kombiniert, da er ihm im Geschmack zu ähnlich ist. Übrigens entfalten viele dieser Kräuter ihr Aroma erst in der Hitze beim Garen, deshalb anfangs sparsam einsetzen.

DAS WICHTIGSTE GEWÜRZ

Salz, vor allem Meersalz, war vor der Erfindung des Kühlschranks und der Konservendose das wichtigste Konservierungsmittel für Fleisch und Fisch. Heute, wie früher, leitet man zu Gewinnung von Meersalz Meerwasser in flache Becken und lässt das Wasser verdunsten, so wie in den Salinen der Camargue. Dort bieten Hitze und Trockenheit seit jeher optimale Bedingungen dafür. Traditionell wurde das Salz bis nach Skandinavien verkauft. Dort benötigte man es in großen Mengen für die Stockfischproduktion. Das führte auch dazu, dass der Trockenfisch wieder seinen Weg in die Küchen der Provence fand.
Das teuerste Salz ist das „Fleur de sel" (Blume des Salzes). Es bildet sich als feine Schicht auf der Oberfläche der Salzbecken und muss dann vorsichtig abgeschöpft werden. Sein besonderes Meeresaroma eignet sich vor allem zum Abschmecken von Gemüse, Fisch und Meeresfrüchten.

LAUCHTARTE
mit Lavendel

KNUSPRIGER MÜRBETEIGBODEN MIT LAUCH UND FRISCHKÄSE – DIE „TARTE AUX POIREAUX“ SCHMECKT FRISCH UND WARM AM BESTEN.

Zutaten für 8 – 10 Stücke

- 200 g Mehl, Salz
- 120 g kalte Butter
- 3 Eier (Größe S)
- 1 Stange Lauch (ca. 350 g)
- 350 g Tomaten
- 1 Handvoll frische Kräuter (Basilikum, Oregano, Thymian, etwas Salbei)
- 3 Knoblauchzehen
- Butter für die Form
- 200 g Crème fraîche
- 1 EL getrocknete Lavendelblüten (Bio-Laden)
- Pfeffer aus der Mühle
- 150 g Ziegenfrischkäse (Kühlregal oder s. Rezept Seite 16/17)

besonderes Werkzeug

- 1 Spring- oder Tarteform (26 – 28 cm Ø)

Zeitbedarf

- ca. 1 Stunde
- 30 Minuten kühlen
- 45 Minuten backen

So geht's

1. Für den Mürbeteig in einer Schüssel das Mehl mit 1 Prise Salz, Butter in Flöckchen und 1 Ei rasch zu einem glatten Teig verkneten. Falls der Teig zu trocken ist, tropfenweise kaltes Wasser dazugeben. Den Teig zu einer Kugel formen, in Folie wickeln und 30 Minuten kühlen.
2. Inzwischen für die Füllung den Lauch putzen, waschen und in feine Scheiben schneiden. Wenig Salzwasser aufkochen und den Lauch darin zugedeckt bei mittlerer Hitze ca.10 Minuten garen. In ein Sieb abgießen und abtropfen lassen. Inzwischen die Tomaten häuten, halbieren und die Stielansätze herausschneiden. Tomaten entkernen und klein würfeln. Die Kräuter waschen, trocken tupfen und die Blättchen fein schneiden. Den Knoblauch schälen und fein hacken.
3. Den Backofen auf 200 °C (Ober- und Unterhitze; Umluft 180 °C) vorheizen. Nur den Boden der Form einfetten. Den Teig zwischen zwei Frischhaltefolien etwas größer als die Form ausrollen, die Form damit auslegen und einen 2 – 3 cm hohen Rand formen. Den Teigboden mit einer Gabel mehrmals einstechen und im Ofen (Mitte) 15 Minuten vorbacken.
4. Inzwischen den Lauch fest ausdrücken und mit Tomaten und Knoblauch vermengen. Die übrigen Eier mit Crème fraîche, Kräutern und Lavendel glatt rühren, salzen und pfeffern. Die Lauch-Tomaten-Mischung auf dem vorgebackenen Teigboden verteilen. Die Eiermischung darüber gießen, dann den Frischkäse darüberbröckeln. Im Ofen (Mitte) in ca. 30 Minuten goldbraun backen. Warm oder kalt servieren.

Dazu passt ein kleiner bunter Salat und ein duftig-fruchtiger Weißwein von den Côtes du Luberon.

[a]

DAS IST *wirklich* WICHTIG

[a] GEMÜSE AUSHÖHLEN Das geht am besten mit einem Kugelausstecher. Beim Aushöhlen vorsichtig arbeiten, damit die Schale nicht verletzt wird. Dabei jeweils eine 0,5 cm dicke Wand und einen ebenso dicken Boden stehen lassen.

JUNGES GEMÜSE
mit Hackfleisch gefüllt

WENN IM FRÜHJAHR DIE ERSTEN KLEINEN GEMÜSESORTEN AUF DEN MARKT KOMMEN, GIBT ES DIE „PETITS FARCIS" AUS DEM OFEN.

Zutaten für 4 Portionen

- je 2 kleine Auberginen und kleine Zucchini
- 4 kleine feste Tomaten
- 2 rote Spitzpaprika
- 2 milde Zwiebeln, Salz
- 100 g Semmelbrösel
- 75 ml Milch
- 2 Knoblauchzehen
- 2 Stängel Basilikum
- 2 Zweige Thymian
- 75 g roher Schinken (am Stück)
- 200 g Schweinehackfleisch
- 1 Ei (Größe M)
- Pfeffer aus der Mühle
- 1 Prise Cayennepfeffer
- 4 EL Olivenöl
- ¼ l Gemüsebrühe

besonderes Werkzeug
- Pürierstab

Zeitbedarf
- ca. 45 Minuten
- 35–40 Minuten garen

So geht's

1. Die Gemüse waschen. Auberginen und die Zucchini putzen und quer in 4 cm lange Stücke schneiden. Von den Tomaten einen Deckel abschneiden. Die Gemüsestücke aushöhlen **[→a]**. Das herausgelöste Fruchtfleisch nicht wegwerfen, sondern nach Sorten getrennt beiseitestellen.
2. Die Paprikaschoten längs durch den Stielansatz halbieren, die Kerne und Trennwände entfernen, den Stielansatz aber dranlassen. Die Zwiebeln längs halbieren, aushöhlen und ca. 20 Minuten in Salzwasser kochen.
3. Inzwischen für die Füllung 75 g Semmelbrösel mit der Milch beträufeln. Den Knoblauch schälen und mit dem Inneren der Zwiebeln sehr fein hacken. Die Kräuter waschen und trocken schütteln, die Blättchen abzupfen und fein schneiden. Den Schinken ganz klein würfeln. Alles mit dem Hackfleisch und dem Ei vermischen, mit Salz, Pfeffer und Cayennepfeffer pikant würzen.
4. Den Backofen auf 175 °C (Ober- und Unterhitze; Umluft 160 °C) vorheizen. Die Gemüse mit der Hackmischung füllen. Restliche Semmelbrösel darüber verteilen und Deckel auf die Tomaten setzen. Eine Auflaufform mit 1 EL Olivenöl einfetten, die Gemüse hineinsetzen und mit dem übrigen Öl beträufeln.
5. Das Innere der Tomaten und je 1 EL Auberginen- und Zucchinifruchtfleisch mit der Gemüsebrühe pürieren, abschmecken. Masse seitlich in die Form gießen. Gefülltes Gemüse im Ofen (Mitte) 35–40 Minuten backen, bis die Brösel gebräunt sind. Warm in der Form servieren.

Dazu frisches Baguette und einen himbeerfruchtigen Rosé, wie einen Coteaux d'Aix-en-Provence, servieren.

MANGOLDEINTOPF

mit Eiern auf Röstbrot

DIESER EINTOPF AUS KARTOFFELN UND MANGOLD WIRD MIT GESTOCKTEN EIERN AUF GERÖSTETEM BROT SERVIERT. ER HEISST IN DER PROVENCE „BLETTES EN BOUILLABAISSE".

Zutaten für 4 Portionen

- 1 Mangoldstaude (ca. 800 g)
- Salz
- 500 g festkochende Kartoffeln
- 2 weiße Zwiebeln
- 6 Knoblauchzehen
- 2 Zweige frischer Gewürzfenchel (ersatzweise 2 Stängel Dill)
- 3 EL Olivenöl
- Pfeffer aus der Mühle
- 1 Döschen Safranpulver (0,1 g)
- ½ l Gemüsebrühe
- 400 g reife Tomaten
- 4 Eier (Größe M)
- 4 dicke Scheiben Weißbrot

Zeitbedarf

- ca. 1 Stunde
- 30 Minuten garen

So geht's

1. Den Mangold putzen, die Stiele auseinanderlösen und waschen. Weiße Stiele und grüne Blätter getrennt in ca. 3 cm breite Streifen schneiden. Reichlich Salzwasser aufkochen. Erst die Stiele darin 1 Minute blanchieren, dann die Blätter zugeben und 1 weitere Minute kochen. Das Gemüse in ein Sieb abgießen, kalt abschrecken und abtropfen lassen.
2. Die Kartoffeln waschen, schälen und in ca. 3 mm dünne Scheiben schneiden. Zwiebeln und Knoblauch schälen, den Gewürzfenchel abbrausen und trocken tupfen. Alles getrennt hacken.
3. In einem Schmortopf das Öl erhitzen und die Zwiebeln darin bei mittlerer Hitze in ca. 2 Minuten glasig dünsten. Den Mangold dazugeben und 5 Minuten mitdünsten, bis alle Flüssigkeit verdampft ist. Die Kartoffelscheiben vorsichtig unter das Gemüse heben und mit Salz, Pfeffer und Safran würzen. Die Brühe angießen und den Knoblauch und Fenchel unterrühren. Alles erhitzen und zugedeckt bei schwacher bis mittlerer Hitze ca. 30 Minuten garen.
4. Inzwischen aus den Tomaten den Stielansatz herausschneiden. Tomaten in einer Schüssel überbrühen. Wenn die Haut anfängt sich zu lösen, Tomaten abgießen und abschrecken, dann häuten. Tomaten würfeln und unter das Gemüse rühren, abschmecken.
5. Die Eier aufschlagen und auf das Gemüse geben **[→a]**. Zugedeckt bei schwacher Hitze in ca. 7 Minuten stocken lassen. Inzwischen die Brotscheiben in einer Pfanne ohne Fett hellbraun rösten. Darauf die gestockten Eier setzen und mit dem Eintopf servieren.

Dazu schmeckt ein geschmeidiger Weißwein wie ein Cassis oder ein Vacqueyras blanc.

[a]

DAS IST *wirklich* WICHTIG

[a] GESTOCKTE EIER Dafür die Eier einzeln in eine Tasse aufschlagen und vorsichtig so auf das Gemüse gleiten lassen, dass das Eigelb nicht zerläuft und die Eier genügend Abstand voneinander haben.

DAS IST *wirklich* WICHTIG

[a] ENTBARTEN In der Regel sind Muscheln beim Kauf schon geputzt. Ist doch einmal ein feines Geflecht auf den Muscheln geblieben, diese sogenannten Bärte einfach mit der Hand abziehen. Bei Bedarf ein Messer zu Hilfe nehmen.

[a]

MUSCHELN
im Weißweinsud

NEBEN MIESMUSCHELN, „MOULES", WERDEN IN DER PROVENCE AUCH TEPPICHMUSCHELN, „PALOURDES", GERN AUF DIESE ART ZUBEREITET.

Zutaten für 4 Portionen

- 2 kg kleine Miesmuscheln (möglichst Bouchot-Muscheln)
- Meersalz
- 2 weiße Zwiebeln
- 5 Knoblauchzehen
- 1 Bund Petersilie
- 1 kleines Bund Thymian
- 4 EL Olivenöl
- ¼ l trockener Weißwein
- Pfeffer aus der Mühle

Zeitbedarf

- ca. 45 Minuten
- 15 Minuten wässern

So geht's

1. Die Muscheln gründlich waschen und falls nötig die Bärte entfernen [→a]. Muscheln, die sich auch beim Antippen mit dem Finger nicht schließen, wegwerfen. Die übrigen in reichlich kaltem Wasser mit Meersalz ca. 15 Minuten wässern, dann in ein Sieb abgießen und kurz abtropfen lassen.
2. Für den Sud Zwiebeln und Knoblauch schälen und in dünne Scheiben schneiden. Petersilie und Thymian waschen und trocken schütteln, die Blättchen abzupfen und hacken.
3. Das Olivenöl in einem großen Topf erhitzen, die Zwiebel- und Knoblauchscheiben darin bei mittlerer Hitze in ca. 2–3 Minuten glasig und weich dünsten, aber nicht bräunen. Wein angießen und auf starke Hitze schalten. Die Muscheln ebenfalls in den Topf geben, umrühren, dann zugedeckt 4–5 Minuten kochen, bis sich die Muschelschalen öffnen, dabei den Topf ab und zu rütteln.
4. Die Muscheln mit einem Schaumlöffel aus dem Sud heben, dabei geschlossene aussortieren und wegwerfen. Den Sud nochmal aufkochen, die Kräuter einrühren und mit Salz und Pfeffer abschmecken. Den Weißweinsud (ohne sandigen Bodensatz) über die Muscheln löffeln, heiß servieren.

Dazu reichlich Baguette und einen frischen, gut gekühlten Rosé von den Côtes de Provence servieren.

SO SCHMECKT'S AUCH | NACH ART VON SAINT-TROPEZ **Dafür für den Sud nur 2 EL Olivenöl verwenden. Die Muscheln darin wie oben beschrieben garen, herausheben. Den Sud bei starker Hitze auf die Hälfte einkochen lassen. Dann 50 g kalte Butter unter den Sud schlagen und mit Kräutern, Salz und Pfeffer abschmecken.**

KABELJAU
in Safransauce

FÜR DIE ZUBEREITUNG DES „CABILLAUD FRAIS À LA SAUCE JAUNE“ SIND NICHT VIELE ZUTATEN NÖTIG. ABER FRISCHER FISCH MUSS ES SEIN.

Zutaten für 4 Portionen

- 1 kg Kabeljau-Koteletts (am besten vorbestellen; ersatzweise Heilbutt)
- 3 Knoblauchzehen
- ½ Bund Petersilie
- 4 EL Olivenöl
- 1 EL Mehl
- 1 großes Döschen gemahlener Safran (1 g)
- 2 EL frisch gepresster Zitronensaft, Salz
- Pfeffer aus der Mühle
- Fleur de Sel (nach Belieben)

Zeitbedarf
- ca. 30 Minuten

So geht's

1. Die Koteletts kalt abbrausen, gut trocken tupfen. Den Knoblauch schälen und fein hacken. Die Petersilie waschen und trocken schütteln, die Blättchen abzupfen und fein hacken.
2. In einem weiten Topf (die Fischscheiben sollten darin nebeneinander Platz haben) das Olivenöl erhitzen. Das Mehl darüberstäuben, bei mittlerer Hitze kurz anschwitzen, dann Knoblauch, Petersilie, Safran, Zitronensaft und etwas Salz dazugeben. Alles bei schwacher bis mittlerer Hitze unter Rühren 2–3 Minuten andünsten.
3. Die Fisch-Koteletts in den Topf geben und wenden, sodass sie gleichmäßig mit der Würzmischung bedeckt sind. Zugedeckt bei schwacher Hitze ca. 10 Minuten garen, bis die Fischstücke auf der Oberseite nicht mehr glasig sind, dann herausheben. 200 ml heißes Wasser in die Pfanne gießen, aufkochen lassen, dabei ständig rühren, bis die Sauce andickt, mit Pfeffer und Salz, nach Belieben Fleur de Sel abschmecken. Die Koteletts zurück in die Pfanne legen, in der Sauce wenden und nochmal kurz heiß werden lassen.

Dazu schmecken in Butter geschwenkte Bandnudeln oder Reis. Als Wein einen Fumet de Provence mit zarter Salznote servieren.

SO SCHMECKT'S AUCH | MEHR WÜRZE **Die Sauce bekommt noch mehr Aroma, wenn Sie zusätzlich 1 TL Fenchelsamen im Mörser zerstoßen und mit Knoblauch, Petersilie, Safran, Zitronensaft und Salz anschmoren. Statt Wasser Weißwein und einen kleinen Schuss Vermouth nehmen.**

DAS IST *wirklich* WICHTIG

[a] SARDINENFILETS FÜLLEN Dafür die Fische auf der Arbeitsfläche auseinanderklappen. Die Füllung mit einem Esslöffel gleichmäßig auf die Fleischseite einer Filethälfte verteilen. Dann die andere Filethälfte darüberlegen.

[a]

SARDINEN
mit Mangold gefüllt

DURCH DIE GEMÜSEFÜLLUNG UND BRÖSELKRUSTE WERDEN DIE „SARDINES À LA NIÇOISE“ INNEN SCHÖN SAFTIG UND AUSSEN KNUSPRIG.

Zutaten für 4 Portionen

- 8 doppelte große Sardinenfilets mit Haut und Schwanz (à ca. 75 g; am besten vorbestellen)
- ½ Zitrone
- Salz, Pfeffer aus der Mühle
- 1 kleine Mangoldstaude (ca. 500 g)
- 1 Stange Staudensellerie
- 3 Knoblauchzehen
- 125 g kleine gegarte und geschälte Garnelen
- 6 EL Olivenöl
- 4 EL Semmelbrösel

Zeitbedarf

- ca. 45 Minuten
- 15 – 20 Minuten garen

So geht's

1. Die Fischfilets aufklappen und bei Bedarf übrige dunkle Stellen und Grätenreste entfernen. Dann unter kaltem Wasser abbrausen und trocken tupfen. Die Sardinen innen mit Zitronensaft beträufeln, rundum leicht salzen und pfeffern. Abgedeckt kalt stellen.
2. Mangold und Sellerie waschen, putzen und erst in feine Streifen schneiden, dann hacken. Den Knoblauch schälen und fein hacken. Die Garnelen abbrausen, trocken tupfen und ebenfalls hacken.
3. In einem flachen Bräter 2 EL Olivenöl erhitzen, darin den Knoblauch goldbraun anbraten. Den Mangold und Sellerie dazugeben, bei mittlerer Hitze unter Rühren 5 Minuten dünsten, mit Salz und Pfeffer würzen und kurz abkühlen lassen.
4. Den Backofen auf 225 °C (Ober- und Unterhitze; Umluft 200 °C) vorheizen. Für die Füllung die Garnelen mit einem Viertel Mangold-Gemüse vermengen und die Sardinen damit füllen **[→a]**.
5. Die gefüllten Sardinen vorsichtig auf das restliche Mangold-Gemüse im Bräter legen und mit den Semmelbröseln bestreuen. Das übrige Öl über die Brösel träufeln. Im Ofen (Mitte) 15 – 20 Minuten garen, bis die Brösel schön gebräunt sind. In der Form servieren.

Dazu frisches Baguette und einen fruchtigen Rosé, z. B. einen Côtes de Provence oder einen Lirac, servieren.

DIE VARIANTE | SARDINEN MIT THYMIAN

8 doppelte große Sardinenfilets mit Haut (à ca. 75 g), 8 Zweige Thymian, 2 Bio-Zitronen, 100 ml Weißwein, 4 EL Semmelbrösel, 4 EL Olivenöl Sardinen wie oben vorbereiten und mit je einem Zweig Thymian füllen. Den Backofen vorheizen. Die Zitronen in dünnen Scheiben auf dem Boden einer Auflaufform auslegen, Sardinen darauflegen und den Wein angießen. Semmelbrösel darüberstreuen und mit Öl beträufeln. Wie im Hauptrezept im Ofen garen.

RIPPCHEN
mit Feigen

WAS BEI UNS „SPARERIBS" HEISST, WIRD IN SÜDFRANKREICH „TRAVERS DE PORC" GENANNT UND IST DORT AUCH AUSGELÖST ERHÄLTLICH.

Zutaten für 4 Portionen

- 4 fleischige Schweinerippen (Spareribs, à ca. 300 g)
- 1 Bund frische Kräuter der Provence (Rosmarin, Oregano, Thymian, Estragon)
- 7 EL Olivenöl
- 1 EL Senf
- 1 Prise Cayennepfeffer
- 1 Bund Frühlingszwiebeln
- 4 Knoblauchzehen
- 4–6 frische Feigen
- Salz, Pfeffer aus der Mühle
- 300 ml trockener Rotwein

besonderes Werkzeug

- 1 großer Gefrierbeutel (6 l Inhalt)

Zeitbedarf

- ca. 30 Minuten
- 12 Stunden marinieren
- 1 Stunde garen

So geht's

1. Die Schweinerippen kalt abbrausen, mit Küchenpapier trocken tupfen. Die Kräuter waschen und trocken schütteln, ca. 1 Handvoll Blättchen abzupfen und hacken. Die übrigen Kräuter in einer Frischhaltetüte in das Gemüsefach legen. Die Rippen mit den gehackten Kräutern in den Gefrierbeutel legen. Für die Marinade 4 EL Olivenöl mit Senf und Cayennepfeffer verrühren und über das Fleisch geben. Beutel gut verschließen, alles vermischen **[→a]** und über Nacht im Kühlschrank marinieren.
2. Den Backofen auf 180 °C (Ober- und Unterhitze; Umluft 160 °C) vorheizen. Frühlingszwiebeln waschen, Wurzelbüschel und welke Blätter entfernen. Die Zwiebeln in Ringe schneiden. Den Knoblauch schälen und grob hacken. Die Feigen waschen, Stielansätze entfernen und die Früchte vierteln.
3. Die Zwiebeln und den Knoblauch in einen Bräter streuen, den restlichen Kräuterbund darauf verteilen. Die Rippchen samt Marinade nebeneinander ebenfalls in den Bräter legen und die Feigenviertel dazwischensetzen. Alles mit Salz und Pfeffer würzen. Den Rotwein und das restliche Olivenöl darübergießen. Die Rippchen im heißen Ofen (Mitte) 1 Stunde garen, bis das Fleisch schön gebräunt und gar ist.

Dazu Kartoffelpüree oder Baguette servieren. Als Wein passt hier ein roter Côtes du Rhône.

SO SCHMECKT'S AUCH | GETROCKNETE FEIGEN **Statt frischer Feigen können Sie auch getrocknete verwenden. Diese dann am Abend vor der Zubereitung in etwas Rotwein legen und über Nacht einweichen lassen.**

[a]

DAS IST *wirklich* WICHTIG

[a] MARINIEREN Das Fleisch mit der Marinade im Gefrierbeutel mehrmals vorsichtig durchkneten, bis die Rippen gleichmäßig mit der Marinade bedeckt sind. Diesen Vorgang während des Marinierens ab und zu wiederholen.

HÄHNCHEN *mit Knoblauch*

MIT EINEM KRÄUTERSTRÄUSSCHEN GEFÜLLT, SCHMORT DAS „POULET À L'AIL" MIT GANZEN KNOBLAUCHZEHEN IM OFEN.

Zutaten für 4 Portionen

- ½ Bund Petersilie
- 4 Zweige Thymian
- 2 Zweige Rosmarin
- 2 dünne Stangen Staudensellerie mit viel Grün
- 2 Lorbeerblätter
- 1 großes Hähnchen (ca. 1,2 kg)
- Salz, Pfeffer aus der Mühle
- 3 EL Olivenöl
- 2 frische Knoblauchknollen
- 1 kleines Baguette

Zeitbedarf

- ca. 25 Minuten
- 1 ¼ Stunden garen

So geht's

1. Die Kräuter waschen und trocken schütteln. Die Blättchen und Stängel von ¼ Bund Petersilie, 2 Zweigen Thymian, dem Rosmarin und 1 Stange Sellerie grob hacken und mit 1 Lorbeerblatt auf den Boden eines Bräters streuen. Den Rest der Kräuter mit dem übrigen Lorbeer zu einem Kräutersträußchen binden.
2. Den Backofen auf 225 °C (Ober- und Unterhitze; Umluft 200 °C) vorheizen. Das Hähnchen innen und außen abbrausen und trocken tupfen. Innen und außen mit Salz und Pfeffer würzen und das Kräutersträußchen in die Bauchhöhle legen.
3. Das Hähnchen mit der Brust nach unten auf die Kräuter legen, Öl darüber träufeln. Den Bräter mit einem Deckel verschließen oder gut mit Alufolie abdecken und im Ofen (Mitte) 30 Minuten braten. Knoblauch in die einzelnen Zehen teilen und nur die äußersten Hüllblätter ablösen.
4. Dann die Hitze auf 175 °C (Umluft 150 °C) reduzieren, das Hähnchen umdrehen und die Knoblauchzehen in den Bräter geben. Noch weitere 45 Minuten braten. Falls die Abdeckung nicht dicht genug ist, ab und zu ein wenig Wasser angießen.
5. Das Baguette in Scheiben schneiden und diese in einer Pfanne ohne Fett auf beiden Seiten rösten. Hähnchen aus dem Ofen nehmen, Kräuter entfernen und das Hähnchen zerteilen. Die Hähnchenteile mit Bratensaft und Knoblauch auf Tellern verteilen. Zum Essen das weiche Knoblauchinnere auf das Brot drücken.

DIE VARIANTE | HÄHNCHENSCHENKEL MIT KNOBLAUCH

4 Hähnchenschenkel, 4 Knoblauchzehen, Salz, Pfeffer aus der Mühle, 3 EL Olivenöl, 100 ml Weißwein, 1 Schuss Vermouth Die Haut der Schenkel mehrmals bis aufs Fleisch einschneiden. Durchgepressten Knoblauch mit Salz und Pfeffer in die Einschnitte streichen. Die Schenkel im heißen Öl rundum anbraten, Flüssigkeiten angießen und zugedeckt gut 30 Minuten schmoren.

DÎNERS

Festliche Essen

DIE PROVENZALEN LIEBEN DEN GENUSS. UND WILL MAN SICH SELBST VERWÖHNEN ODER STEHT EIN BESONDERER ANLASS BEVOR, DANN WIRD FÜR EIN GUTES ESSEN NICHT AN ZEIT UND GELD GESPART.

MESCLUN
mit Jakobsmuscheln

DIE MISCHUNG AUS BLATTSALATEN STAMMT URSPRÜNGLICH AUS DER GEGEND VON NIZZA. MIT JAKOBSMUSCHELN WIRD DARAUS EINE FEINE VORSPEISE.

Zutaten für 4 Portionen

- 300 g frische oder tiefgekühlte Jakobsmuscheln (nur die Nüsschen)
- Salz
- 200 g Mesclun (gemischte Blattsalate)
- 50 g Rucola
- 50 g zarte Löwenzahnblätter
- ½ Bund Petersilie
- 1 Stängel Minze
- 3 EL Weißweinessig
- 2 TL Senf
- Pfeffer aus der Mühle
- 1 Knoblauchzehe
- 10 EL Olivenöl

Zeitbedarf
- ca. 30 Minuten

So geht's

1. Jakobsmuscheln falls nötig auftauen. Muschelfleisch kalt abbrausen und bis zum Braten in kräftig gesalzenes Wasser legen **[→a]**.
2. Blattsalate, Rucola und Löwenzahn verlesen, waschen und gut abtropfen lassen (am besten trocken schleudern), damit die Vinaigrette später gut daran haften bleibt. Die Kräuter waschen, trocken schütteln und die Blättchen abzupfen. Die Salate und die Kräuterblättchen locker vermischen und auf Tellern anrichten.
3. Für die Vinaigrette den Essig mit Senf, Salz und Pfeffer gut verrühren. Den Knoblauch schälen und dazupressen. 6 EL Olivenöl mit einer Gabel kräftig unterschlagen.
4. Die Jakobsmuscheln aus dem Salzwasser heben. Die Nüsschen quer halbieren. Mit Küchenpapier trocken tupfen und leicht pressen, um sie vollständig zu trocknen. In einer Pfanne das restliche Öl erhitzen und die Muscheln darin bei starker Hitze auf beiden Seiten maximal 1 Minute anbraten, bis sie leicht gebräunt sind. Vorsichtig mit Salz und Pfeffer würzen und auf dem Mesclun anrichten. Mit der Vinaigrette beträufeln und rasch servieren.

Als Beilage knuspriges Baguette und einen fruchtigen, zart pfeffrigen Rosé von den Côtes de Provence reichen.

DAS IST *wirklich* WICHTIG

[a] MUSCHELN VORBEREITEN Legen Sie die Jakobsmuscheln vor der Weiterverwendung für einige Minuten in Salzwasser. Das entzieht den Muscheln überschüssige Feuchtigkeit. Denn vor allem tiefgekühlte Jakobsmuscheln enthalten viel Wasser.

SPARGELSALAT

mit gebackenen Tomaten

SOBALD MITTE MÄRZ DER ERSTE FREILANDSPARGEL IN DER PROVENCE GEERNTET WIRD, KOMMT DER „SALADE D'ASPERGES" AUF DEN TISCH.

Zutaten für 4 Portionen

- 500 g kleine, schnittfeste Strauchtomaten
- Salz, Pfeffer aus der Mühle
- 2 Knoblauchzehen
- 6 EL mildes Olivenöl
- 500 g dünner grüner Spargel
- 1 Prise Zucker
- 2 EL Weißweinessig
- 75 g Bayonne-Schinken (franz. luftgetrockneter Schinken; in Scheiben)

Zeitbedarf

- ca. 35 Minuten

So geht's

1. Den Backofen auf 200 °C (Ober- und Unterhitze; Umluft 180 °C) vorheizen. Aus den Tomaten den Stielansatz herausschneiden. Die Tomaten in einer Schüssel überbrühen. Wenn die Haut anfängt sich zu lösen, Tomaten abgießen und abschrecken, dann häuten und halbieren. Die Hälften mit den Schnittflächen nach oben auf ein mit Backpapier belegtes Backblech legen. Mit etwas Salz und Pfeffer bestreuen. Den Knoblauch schälen und durch die Presse drücken, mit 2 EL Olivenöl verrühren. Die Schnittflächen der Tomaten mit dem Knoblauchöl bestreichen. Die Tomaten im Ofen (Mitte) ca. 20 Minuten backen, bis sie trocken aussehen und die Schnittflächen zart gebräunt sind.
2. Inzwischen in einem großen Topf reichlich Salzwasser zum Kochen bringen. Den Spargel waschen, bei dickeren Stangen das untere Drittel schälen. Die holzigen Enden abschneiden. Den Spargel im Salzwasser mit Zucker in ca. 10 Minuten bissfest kochen.
3. Die gebackenen Tomaten aus dem Ofen nehmen und etwas abkühlen lassen. Den garen Spargel aus dem Wasser heben und ebenfalls auskühlen lassen. Essig und restliches Olivenöl zu einer Sauce verrühren und mit Salz und Pfeffer abschmecken.
4. Den Schinken in 1 – 2 cm breite Streifen schneiden. Die Tomaten in Spalten und den Spargel in ca. 3 cm lange Stücke schneiden. Alles mit der Sauce vermengen und lauwarm servieren.

Dazu passt frisches Baguette und ein fruchtig-kräutriger Weißwein wie z. B. ein Colombard.

KÜCHENGEHEIMNIS | GRÜNER SPARGEL **Ob er geschält werden muss, können Sie an seiner Dicke erkennen. Sehr dünne Stangen haben eine zarte Schale die mitgegessen werden kann. Sind die Stangen dicker als 1 cm, dann das untere Drittel mit einem Sparschäler schälen.**

SOMMERSALAT
mit Birnen

DER „SALADE D'ÉTÉ" IST ERFRISCHEND, FRUCHTIG UND DURCH DEN EDELPILZKÄSE LEICHT PIKANT – EINE FEINE KLEINE VORSPEISE.

Zutaten für 4 Portionen

- 2 gelbe Birnen (z. B. Williams Christ)
- 2–3 EL frisch gepresster Zitronensaft
- 150 g Blattsalat-Mischung (z. B. aus Eichblatt-, Romana-, Feldsalat, Frisée und Radicchio)
- 100 g fester Edelpilzkäse (z. B. Roquefort)
- 12 halbe Walnusskerne
- 3 EL Weißweinessig
- 2TL Dijon-Senf
- Salz
- Pfeffer aus der Mühle
- 8 EL Walnussöl

besonderes Werkzeug
- Kugelausstecher

Zeitbedarf
- ca. 20 Minuten

So geht's

1. Die Birnen schälen und längs halbieren. Die Kerngehäuse mit einem Kugelausstecher herauslösen und die Birnenhälften quer in ca. 1 cm breite Stücke schneiden. Mit dem Zitronensaft mischen und kurz ziehen lassen.
2. Den Salat verlesen, waschen und gut abtropfen lassen (am besten trocken schleudern), damit die Vinaigrette später gut daran haften bleibt. Größere Blätter in kleinere Stücke zupfen. Den Käse in kleine Würfel schneiden.
3. Salate, Käsewürfel und Birnen vorsichtig vermischen und auf Tellern anrichten. Die Walnüsse grob hacken und über den Salat streuen. Für die Vinaigrette Essig und Senf verrühren, mit Salz und Pfeffer würzen. Das Walnussöl mit einem Schneebesen oder einer Gabel kräftig unterschlagen, bis eine cremige Sauce entstanden ist. Salat mit Vinaigrette beträufeln und gleich servieren.

Dazu schmeckt knuspriges Baguette.

ROUGE

AUS DEM MEER

Fische und Meeresfrüchte

ÜBERALL AN DEN KÜSTEN GIBT ES FISCHMÄRKTE, DIE VOR ALLEM DIE FÄNGE DER REGIONALEN FISCHER ANBIETEN. BEI IHNEN KANN MAN DIE FRISCHESTEN FISCHE UND MEERESFRÜCHTE KAUFEN.

MEERBRASSEN

Ganz oben auf der Beliebtheitsskala stehen Doraden, vor allem die „dorade royale", zu Deutsch Goldbrasse. Von dem Fisch mit dem blaugrauen, ovalen Körper und der steilen Kopfpartie haben die etwa 1 kg schweren Exemplare den günstigsten Fleischanteil und schmecken am besten. Die mehr goldfarbene „dorade rosé" (Zahnbrasse) gilt als weniger fein. Die kleine Streifenbrasse („dorade grisé") ist die günstigste, hat aber die meisten Gräten und Abfälle.

FEINE EDELFISCHE

In der gehobenen Gastronomie ist vor allem der Petersfisch, im Mittelmeerraum Saint-Pierre genannt, beliebt. Durch seinen großen Kopf und die langen Stacheln sind nur etwa 40 Prozent des Fischs verwertbar. Die ausgelösten Filets sind dann aber eine Delikatesse. Sein weißes, festes Fleisch hat ihm in Frankreich auch zu dem Zweitnamen „poule de mer", Meereshühnchen, verholfen. Ganze Fische sollte man wegen der scharfen Flossen vom Händler filetieren lassen. Fragen Sie auch nach den Karkassen, denn daraus können Sie zusätzlich einen aromatischen Fischfond kochen. Ähnlich gut, aber preiswerter sind ganze Seezungen.
Ebenfalls ein gefragter Edelfisch ist der „loup de mer", bei uns Wolfsbarsch genannt. Sein grätenarmes, festes und aromatisches Fleisch hat diesen Raubfisch zum Liebling der feinen Küche gemacht. Exemplare, die noch mit Angelleinen gefangen werden, gehören zum Teuersten, was das Mittelmeer zu bieten hat. Preiswerter sind Wolfsbarsche aus Aquakulturen, die heute das Hauptangebot ausmachen. Weitere Mittelmeer-Klassiker sind die kräftig roten Streifenbarben, die „rougets de roche". Ganz frische Barben können ungeputzt und im Ganzen gebraten werden. Als besonderer kulinarischer Genuss gilt dabei ihre Leber.

MEERESFRÜCHTE

Die in Restaurants angebotene „plateau de fruits de mer", eine Meeresfrüchteplatte, repräsentiert die Vielfalt an Meeresfrüchten, die es in dieser Region gibt. Austern, kleine Miesmuscheln und die „coquilles Saint-Jacques", Jakobsmuscheln, sind darauf zu finden. Ebenso die „tellines", kleine dreieckige Muscheln, die mit einem großen Rechen aus dem Sand gekämmt werden. Besonders in Saintes-Maries-de-la-Mer werden sie roh oder gekocht und auch im Salat oder als Hauptgericht serviert. Eine besondere, aber gewöhnungsbedürftige Delikatesse sind Seeigel („oursin"), die meist halbiert und roh ausgelöffelt werden. Dagegen sind Tintenfische, von Kalmaren über Sepien bis Oktopoden, bei vielen Menschen sehr begehrt und auch zu erschwinglichen Preisen zu haben.

ARTISCHOCKEN
mit Waldpilz-Füllung

TRADITIONELL WERDEN DIE „ARTICHAUTS À LA BARIGOULE" MIT REIZKER-PILZEN („BARIGOULE") GEFÜLLT, HEUTE AUCH OFT MIT KLEINEN CHAMPIGNONS.

Zutaten für 4 Portionen

- 8 kleine lila Artischocken
- 150 g Edel-Reizker (Waldpilze; ersatzweise kleine Champignons)
- 75 g luftgetrockneter Schinken (in Scheiben)
- 2 Schalotten
- 4 Knoblauchzehen
- 3 Zweige Thymian
- 4 EL Olivenöl
- Salz, Pfeffer aus der Mühle
- 1 Zwiebel
- 1 Lorbeerblatt
- 1 getrocknete Chilischote
- 200 ml trockener Weißwein

besonderes Werkzeug

- Kugelausstecher

Zeitbedarf

- ca. 40 Minuten
- 30 Minuten garen

So geht's

1. Die Stiele der Artischocken etwa auf ein Drittel ihrer Länge kürzen. Die zähen äußeren Hüllblätter großzügig abzupfen, bis die hellen Innenblätter zu sehen sind. Vom Innenteil dann das obere Drittel abschneiden. Zuletzt die Stiele mit einem kleinen Messer großzügig schälen. Die Artischocken durch die Stiele längs halbieren. Das Heu entfernen [→a].
2. Für die Füllung die Pilze mit feuchtem Küchenpapier säubern. Die Stielenden abschneiden. Die Pilze sehr klein würfeln. Die Hälfte des Schinkens in dünne Streifen schneiden. Schalotten und Knoblauch schälen und fein hacken. Den Thymian waschen, trocken schütteln und die Blättchen abstreifen.
3. In einem kleinen Topf 2 EL Olivenöl erhitzen. Pilze, Schalotten, Knoblauch, Schinken und Thymian darin bei mittlerer Hitze dünsten, bis die Pilzflüssigkeit verdampft ist. Salzen und pfeffern, kurz auskühlen lassen.
4. Die Zwiebel schälen, in dünne Scheiben schneiden und auf dem Boden eines weiten Topfes auslegen, Lorbeer und Chili dazugeben. Die Füllung in die Vertiefungen der Artischocken verteilen. Die gefüllten Artischocken in den Topf setzen und den restlichen Schinken kleiner zupfen und darauflegen. Den Weißwein seitlich angießen, alles mit Salz und Pfeffer würzen, das restliche Öl darüber träufeln. Zugedeckt aufkochen lassen und bei schwacher Hitze 30 Minuten garen. Die fertigen Artischocken mit dem entstandenen Sud überlöffeln und warm servieren.

Dazu knuspriges Baguette und einen frischen Weißwein wie einen Cassis aus der Gegend von Marseille oder einen Côtes du Roussillon blanc servieren.

[a]

DAS IST *wirklich* WICHTIG

[a] ARTISCHOCKEN PUTZEN Das sogenannte Heu ist ein faseriger, ungenießbarer Flaum ganz im Inneren der Artischocke. Es lässt sich am besten mit einem Kugelausstecher heraussschaben.

DAS IST *wirklich* WICHTIG

[a] ENTFETTEN Auberginen brauchen zum Braten viel Fett, das das Fruchtfleisch zum größten Teil aufsaugt. Legen Sie die Scheiben und Würfel darum nach dem Braten zum Entfetten auf eine dicke Schicht Küchenpapier. Nach Belieben zusätzlich mit einer zweiten Lage bedecken und das überschüssige Öl sanft aus dem Gemüse pressen.

[a]

AUBERGINEN-PASTETE
mit Thymian

DIE „TOURTE D'AUBERGINES" KANN KALT ALS VORSPEISE ODER AUCH LAUWARM ALS HAUPTGERICHT SERVIERT WERDEN.

Zutaten für 4 Portionen

- 3–4 Auberginen (ca. 1 kg)
- Salz
- ca. 150 ml Olivenöl
- 2 Eier (Größe L)
- 75 g Crème fraîche
- 3 EL Semmelbrösel
- 1 Bund Thymian
- 1 EL frisch gepresster Zitronensaft
- Pfeffer aus der Mühle
- Muskatnuss
- 1 Zweig Rosmarin

besonderes Werkzeug
- 1 Tarte- oder Springform (18 cm Ø)

Zeitbedarf
- ca. 40 Minuten
- 30 Minuten ziehen lassen
- 25–30 Minuten backen

So geht's

1. Die Auberginen waschen und die Enden abschneiden. Die Hälfte der Auberginen in ca. 1 cm breite Scheiben schneiden. Die Scheiben müssen ausreichen, um den Boden der Form und die Füllung zu bedecken. Die restlichen Auberginen schälen und das Fruchtfleisch ca. 1 cm groß würfeln. Mit 2 TL Salz vermischen und in einem Sieb 30 Minuten Wasser ziehen lassen.
2. Die Auberginen kurz kalt abbrausen und gut trocken tupfen. In einer großen Pfanne 2–3 EL Olivenöl erhitzen und so viele Auberginenscheiben, wie nebeneinander in die Pfanne passen, hineinlegen. Auberginen auf jeder Seite 5 Minuten bei starker Hitze braten, bis sie weich und braun sind, herausheben und entfetten **[→a]**. Vorgang mit den restlichen Scheiben wiederholen. Zuletzt die Auberginenwürfel rundum weich und braun anbraten, entfetten.
3. Den Backofen auf 200 °C (Ober- und Unterhitze; Umluft 180 °C) vorheizen. Für die Füllung die Auberginenwürfel in einer Schüssel mit einer Gabel zerdrücken. Mit Eiern, Crème fraîche und Semmelbrösel vermengen. Den Thymian waschen, trocken schütteln und die Blättchen zur Mischung zupfen, mit Zitronensaft, Salz, Pfeffer und Muskat abschmecken.
4. Die Tarteform mit wenig Öl ausstreichen und den Boden mit der Hälfte der Auberginenscheiben belegen, die Füllung darauf verteilen und mit den übrigen Auberginenscheiben bedecken. Den Rosmarin waschen, trocken schütteln und die Nadeln über die Pastete zupfen. Pastete im Ofen (Mitte) 25–30 Minuten backen und lauwarm oder abgekühlt servieren.

Dazu passen Baguette und ein fruchtiger Roséwein von den Côtes de Provence.

BOUILLABAISSE

mit Chili-Knoblauch-Sauce

AUS DEM EINST EINFACHEN FISCHERGERICHT VON MARSEILLE IST EINE EDLE, WELTWEIT BEKANNTE SPEZIALITÄT GEWORDEN.

Zutaten für 4 Portionen

- 500 g festkochende Kartoffeln
- 500 g Tomaten
- 1 Bund Petersilie, 1 Zwiebel
- 6 Knoblauchzehen
- 4 EL + 150 ml mildes Olivenöl
- 1 Lorbeerblatt
- 1 Stück Bio-Orangenschale
- 1 Döschen Safranfäden (0,1 g)
- Salz, Pfeffer aus der Mühle
- 10 dicke Scheiben Baguette
- 1 getrocknete Chilischote
- 750 g gemischte Filets von Mittelmeerfischen (z. B. Knurrhahn, Seeteufel, Rotbarbe, Petersfisch)
- 6 Riesengarnelen

besonderes Werkzeugf
- Mörser

Zeitbedarf
- ca. 1 Stunde

So geht's

1. Die Kartoffeln waschen, schälen und in dünne Scheiben hobeln. Die Tomaten häuten, halbieren, entkernen und würfeln. Die Petersilie waschen, trocken schütteln und die Blättchen fein hacken. Die Zwiebel und 2 Knoblauchzehen schälen und fein würfeln.
2. In einem großen Topf 4 EL Olivenöl erhitzen, Zwiebel, Knoblauch und die Hälfte der Petersilie kurz darin andünsten. Kartoffeln dazugeben und kurz mitdünsten. 1 ½ l heißes Wasser angießen, dann Tomaten, Lorbeer, Orangenschale und Safran unterrühren. Kräftig mit Salz und Pfeffer würzen. Einmal aufkochen, dann bei mittlerer Hitze zugedeckt ca. 20 Minuten köcheln lassen.
3. Inzwischen für die Sauce 2 Baguettescheiben entrinden. Die Krume in etwas warmem Wasser einweichen. Den restlichen Knoblauch schälen. Chili mit 1 Prise Salz im Mörser zerreiben. Ausgedrücktes Brot und Knoblauch dazugeben und alles zu einer feinen Paste zerstoßen, dabei das restliche Olivenöl einarbeiten.
4. Den Fisch kalt abbrausen, trocken tupfen und in Portionsstücke teilen, dabei übrige Gräten entfernen. Die Garnelen ebenfalls abbrausen und trocken tupfen. Die Brühe noch einmal sprudelnd aufkochen lassen. Fisch und Garnelen in die Brühe legen und den Topf vom Herd ziehen, alles 5–8 Minuten ziehen lassen.
5. Die übrigen Baguettescheiben in einer Pfanne ohne Fett auf beiden Seiten rösten und in Suppenteller legen. Die Bouillabaisse darüber schöpfen und mit der restlichen Petersilie bestreut servieren. Die Chili-Knoblauch-Sauce wird dazugereicht, damit sich jeder nach Belieben davon in die Suppe rühren kann.

KÜCHENGEHEIMNIS | SUPPE SPRUDELND AUFKOCHEN **Dieser Zubereitungsschritt führt dazu, dass sich das Wasser und das Olivenöl der Fischbrühe gut miteinander verbinden. Zusätzlich löst sich dabei Stärke aus den Kartoffen, die für eine leichte Bindung der Brühe sorgt.**

CABILLAUD

Soupe de Poissons
10,00 €/kg

FISCHSUPPEN
der Provence

DAS ANGEBOT DER MEDITERRANEN FISCHMÄRKTE IST EBENSO VIELFÄLTIG WIE BEEINDRUCKEND: VON GROSSEN EDELFISCHEN BIS ZU DEN KLEINEN, BUNT GEFÄRBTEN FELSENFISCHEN, DIE LEIDER VORWIEGEND AUS GRÄTEN BESTEHEN, IST ALLES ZU HABEN.

DIE BOUILLABAISSE

Die Hauptzutat für die verschiedenen Fischsuppen der Provence sind die „poissons de roche", die kleinen Fische, die an den vielen Felsen der Küste ihren Lebensraum haben. Am bekanntesten ist die Bouillabaisse, die angeblich zuerst in Marseille zubereitet wurde. Und zwar schon im Mittelalter, als dort die hiesigen Fischer die kleinen Fische, die sie nicht verkaufen konnten, zu einer einfachen Suppe verkochten. Der Name stammt vom provenzalischen „boui a baisso", zu Deutsch „kochen und vom Feuer nehmen", und leitet sich damit aus einem wichtigen Zubereitungsschritt ab (s. Seite 82/83). Mit Sicherheit kann man behaupten, dass die Bouillabaisse, wie wir sie heute serviert bekommen, eine Erfindung der Neuzeit ist. Nach den Statuten der Köche von Marseille müssen mindestens vier frische Mittelmeerfische darin enthalten sein. Traditionell sind das Drachenkopf („rascasse"), Saint-Pierre, Meeraal und Seeteufel. Muscheln werden nicht verwendet. Aber dafür kommt für eine Edelversion zusätzlich eine Languste oder ein Hummer in den Suppentopf. Dazu Kartoffeln, Tomaten und Safran. Letztere Zutaten sind ein weiterer Beweis dafür, dass diese Zubereitungsart noch etwas jünger ist, denn erst Kolumbus brachte Kartoffeln, Tomaten und Chilischoten für die Knoblauch-Chili-Sauce, die Rouille, in die alte Welt. Außerdem war Safran schon immer ein sehr teures und damit für arme Fischer unerschwingliches Gewürz.

SUPPENVARIATIONEN

Ähnlich zubereitet wird die „aïgo saou", eine Suppe aus Seeteufel und Fischbrühe mit Kartoffeln, Tomaten, Knoblauch und Zwiebeln. Klassisch wird die Brühe über olivenölgetränkte Brotscheiben geschöpft und die Fische und das Gemüse werden separat dazu auf Platten serviert. In Frankreich wird übrigens auch die Bouillabaisse so angerichtet. Wesentlich ursprünglicher ist die „soupe de poisson", an der Rhône und im Languedoc auch „bourride" genannt. Hierfür werden die kleinen, grätenreichen Felsenfische mit Zwiebeln, Gemüse, Tomaten, Knoblauch, Fenchel, Kräutern der Provence und etwas Schale von Pomeranzen (Bitterorangen) gekocht und anschließend durch ein feines Sieb gestrichen, um Abfälle und die Gräten zu entfernen. Diese deftige Suppe wird über geröstete, mit Aïoli (Knoblauchsauce; s. Rezept Seite 34/35) bestrichene Weißbrotscheiben gegossen.

JAKOBSMUSCHELN

mit Frühlingszwiebeln

DIE „COQUILLES SAINT-JACQUES“ AUS DEM MITTELMEER SIND ZWAR KLEINER, DAFÜR ABER VIEL WÜRZIGER ALS DIE DES ATLANTIKS.

Zutaten für 4 Portionen

- 500 g frische oder tiefgekühlte Jakobsmuscheln (nur die Nüsschen)
- Salz
- 1 EL frisch gepresster Zitronensaft
- 4 dicke Frühlingszwiebeln
- 3 Zweige frischer Gewürzfenchel (ersatzweise Dill)
- Pfeffer aus der Mühle
- 1 EL Butter
- 1 EL Olivenöl
- 75 ml trockener Weißwein
- 200 g Crème fraîche

Zeitbedarf

- ca. 45 Minuten
- 20 Minuten ziehen lassen

So geht's

1. Jakobsmuscheln falls nötig auftauen. Das Muschelfleisch kalt abbrausen und in einer Schüssel mit kräftig gesalzenem Wasser und Zitronensaft bedecken, 20 Minuten darin ziehen lassen.
2. Die Frühlingszwiebeln waschen und putzen, längs halbieren und in ca. 3 cm lange Stücke schneiden. Den Gewürzfenchel waschen, trocken schütteln und die zarten Blättchen fein schneiden.
3. Die Jakobsmuscheln aus dem Salzwasser heben, quer halbieren und mit Küchenpapier trocken tupfen und leicht pressen, um sie vollständig zu trocknen. Das Muschelfleisch salzen und pfeffern. In einer Pfanne Butter und Öl erhitzen und die Muscheln darin bei starker Hitze auf beiden Seiten maximal 1 Minute anbraten, bis sie leicht gebräunt sind. Aus der Pfanne heben. Im verbliebenen Fett die Frühlingszwiebeln bei schwacher Hitze ca. 10 Minuten dünsten, ohne dass sie bräunen. Mit Salz und Pfeffer würzen und aus der Pfanne nehmen.
4. Den Bratensatz mit dem Wein ablöschen, aufkochen und die Flüssigkeit bei starker Hitze auf die Hälfte reduzieren lassen. Die Crème fraîche einrühren und alles noch weitere 5 Minuten bei schwacher Hitze kochen lassen. Die Jakobsmuscheln und die Frühlingszwiebeln vorsichtig unter die Sauce mischen und kurz darin erwärmen. Die Sauce sollte aber nicht kochen, sonst wird das Muschelfleisch hart. Alles mit Salz und Pfeffer abschmecken und den Gewürzfenchel in die Sauce rühren.

Dazu passen schmale Bandnudeln und ein duftig-fruchtiger Weißwein, z. B. ein weißer Côtes du Luberon.

DAS IST *wirklich* WICHTIG

[a] TINTENFISCHE FÜLLEN Nicht zu viel Füllung in die Tuben geben, damit sie sich noch leicht verschließen lassen. Dafür die Öffnung mit Zahnstochern zustecken.

[a]

TINTENFISCHE

mit Mangold gefüllt

DIE „CALAMARS", AM MITTELMEER AUCH „SUPIONS" GENANNT, SIND MIT DEM LIEBLINGSGEMÜSE DER PROVENZALEN GEFÜLLT.

Zutaten für 4 Portionen

- 8 küchenfertige Tintenfischtuben (ca. 500 – 800 g), Salz
- 1 kleine Mangoldstaude (ca. 300 g)
- 1 dicke Frühlingszwiebel
- 2 in Salz eingelegte Sardellenfilets, 4 Knoblauchzehen
- 50 g Ziegenfrischkäse (Kühlregal oder s. Rezept Seite 16/17)
- 2 EL frische Thymianblättchen
- 1 TL abgeriebene Bio-Zitronenschale, 1 Ei (Größe S)
- 3 EL Semmelbrösel
- Pfeffer aus der Mühle
- 8 EL Mehl, 4 EL Olivenöl
- 150 ml trockener Weißwein
- 150 ml Gemüsebrühe
- 400 g reife Tomaten

besonderes Werkzeug
- 8 Zahnstocher

Zeitbedarf
- ca. 1 Stunde
- 30 Minuten garen

So geht's

1. Die Tintenfische waschen. 2 EL Salz in 1 l Wasser auflösen, die Tuben hineinlegen und 30 Minuten ziehen lassen.
2. Inzwischen für die Füllung den Mangold putzen und waschen. Weiße Stiele und grüne Blätter getrennt in ca. 5 cm breite Streifen schneiden. Die Stiele 3 Minuten in kochendem Salzwasser blanchieren, dann die Blätter zugeben und 2 weitere Minuten kochen. Das Gemüse in ein Sieb abgießen, kalt abschrecken und abtropfen lassen. Die Mangoldblätter fest ausdrücken und fein hacken.
3. Die Frühlingszwiebel waschen, den Wurzelbüschel und die dunkelgrünen Blätter entfernen. Den hellen Teil fein hacken. Die Sardellen abbrausen, trocken tupfen. 1 Knoblauchzehe schälen. Beides fein hacken und mit gehacktem Mangold, der Hälfte der Frühlingszwiebel, Käse, Thymian, Zitronenschale, Ei und Semmelbrösel vermengen. Mit Salz und Pfeffer würzen.
4. Die Tintenfische aus dem Wasser heben, trocken tupfen. Je 1 EL Mangoldmasse in die Öffnungen füllen, die Enden verschließen **[→a]**. Tuben in Mehl wenden, überschüssiges Mehl abklopfen.
5. Die Tintenfische im nicht zu heißen Öl bei mittlerer Hitze auf jeder Seite in 5 – 7 Minuten anbraten. Restlichen Knoblauch schälen, grob hacken und mit den übrigen Frühlingszwiebeln in die Pfanne geben. Mit Wein und Brühe ablöschen. Alles zugedeckt bei schwacher Hitze 20 Minuten garen.
6. Währenddessen die Tomaten häuten und ohne die Stielansätze in kleine Würfel schneiden. Die Mangoldstiele mit den Tomaten in die Sauce rühren. Weitere 10 Minuten garen und mit Salz und Pfeffer abschmecken.

Dazu passen kleine Kartoffeln und ein würziger Roséwein.

GOLDBRASSEN

mit Würzöl gegrillt

DAS WÜRZÖL FÜR DEN „BESUGOU À LA NISSARDA" MUSS ZUM DURCHZIEHEN MINDESTENS EINE WOCHE VORHER ANGESETZT WERDEN.

Zutaten für 4 Portionen

- 3 getrocknete Chilischoten
- 2 EL Fenchelsamen
- 1 EL getrockneter Thymian
- 250 ml + 1 EL Olivenöl
- 4 küchenfertige ganze Goldbrassen (Doraden, à 350 g; am besten vorbestellen)
- Salz, Pfeffer aus der Mühle
- 1 Sträußchen frischer Thymian (nach Belieben)
- 1 Bio-Zitrone

besonderes Werkzeug

- 1 Glasflasche (250 ml)
- Holzkohlegrill (ersatzweise Gasgrill)
- 4 Fischgriller (nach Belieben)

Zeitbedarf

- ca. 15 Minuten
- 20 Minuten grillen
- 1 Woche ziehen lassen

So geht's

1. Für das Würzöl die Chilischoten leicht zerdrücken, mit den Fenchelsamen und dem getrockneten Thymian in die Flasche geben und mit 250 ml Olivenöl aufgießen. Das Würzöl an einem warmen Platz mindestens 1 Woche ziehen lassen, die Flasche ab und zu leicht schütteln.
2. Die Fische innen und außen kalt abbrausen, mit Küchenpapier trocken tupfen. Die Haut auf beiden Seiten mehrmals mit einem Sägemesser schräg bis zu den Gräten einschneiden. Doraden innen und außen salzen.
3. Den Grill vorbereiten und vorheizen. Den Grillrost oder die Fischgriller mit 1 EL Olivenöl einreiben. Die Fische einölen **[→a]** und direkt oder zwischen die Fischgriller geklemmt auf den Grillrost legen.
4. Die Fisch bei direkter Hitze (ca. 10 cm über der Glut) auf jeder Seite ca. 10 Minuten grillen, bis die Haut braun und knusprig ist, dabei öfter mit dem Würzöl bestreichen. Die fertig gegrillten Fische mit Pfeffer würzen und anrichten. Die Zitrone vierteln und zum Fisch servieren.

Dazu passt frisches, auf dem Grill geröstetes Weißbrot und ein Rosé von den Côtes de Provence.

[a]

DAS IST *wirklich* WICHTIG

[a] FISCHE WÜRZEN Die Fische großzügig und gleichmäßig mit dem Würzöl einpinseln, dabei das Öl auch in die Einschnitte reiben. Das Aroma wird noch intensiver, wenn Sie zum Einpinseln ein Sträußchen aus frischem Thymian verwenden.

PRO NATURA
AB
Produit
TRUFE
Variété
Catégorie
Origine
pays
Calibre
VITE, PROFITEZ-EN !

WALDPILZE

und edle Trüffel

IM HERBST SPRIESSEN IN DEN WÄLDERN DER PROVENCE DIE PILZE AUS DEM BODEN. UNTER DER ERDE VERSTECKT, ABER BESONDERS BEGEHRT SIND DIE „RABASSE“ – DIE SCHWARZEN TRÜFFEL.

SCHWARZE DIAMANTEN

Der schwarze Trüffel ist der edelste Speisepilz und macht seinem Spitznamen alle Ehre, denn Liebhaber seines besonderen Geschmacks sind bereit, ein kleines Vermögen für ihn auszugeben. Der Pilz stammte früher vor allem aus dem Périgord, daher auch „Périgord-Trüffel“. Heute kommt er meist aus dem südlichen Rhônetal. Dort gedeiht er in lockeren Waldbeständen und unter der Erde in Symbiose mit dem Wurzelwerk bestimmter Bäume wie Eichen und Haselnusssträucher. So gut versteckt kann Trüffel nur mithilfe von Supernasen von Hunden oder Schweinen aufgespürt werden. Letztere „Erschnüffler“ werden allerdings immer seltener eingesetzt, da sie die Delikatesse nicht selten auch gleich auffressen. Auf den Märkten der Provence findet man die schwarze Knolle von Ende November bis Ende März. In dieser Zeit lässt es sich kein richtiger Provenzale nehmen, sich nicht wenigsten einmal eine „brouillade“, ein Rührei mit Trüffel, zu gönnen.

GROSSE VIELFALT

Preiswerter, für Pilzsammler sogar umsonst, ist der „barigoule“, der Echte oder Edel-Reizker, der von Juli bis Oktober in Nadelwäldern zu finden ist. Der Name leitet sich von dem provenzalischen Wort für einen breitkrempigen Hut, den „barigoulo“, ab. Der Waldpilz mit dem orangefarbenen Hut ist ein vorzüglicher Bratpilz und eignet sich auch zum Einlegen. In der Provence ist sogar ein Gericht nach ihm benannt: Unter „à la barigoule“ wird Gemüse, hauptsächlich Artischocken, angeboten, das mit einer Füllung aus Edel-Reizkern und anderen Zutaten versehen ist. Das Rezept dazu finden Sie auf Seite 78/79.

Auch Röhrenpilze wie Steinpilze („cèpe“) und Maronenpilze („bolet bai“), Wald-, Anis- und Wiesenchampignons, Kaiserlinge („oronge“), die man bei uns nur selten findet, sowie Hallimasch werden in der südfranzösischen Küche häufig verwendet. Sehr geschätzt sind auch die Spitzmorcheln („morilles“) und Herbsttrompeten. Weil letztere wie kleine schwarze Trompeten aussehen, sind sie auch unter dem Namen „Totentrompeten“ („trompettes des morts“) bekannt. Ihr würziges und leicht süßliches Pilzfleisch ist für jeden erschwinglich und wird gerne anstelle von teuren Trüffeln an ein Rührei gegeben, weswegen sie auch abfällig „truffes du pauvre“, „Trüffel der Armen“, genannt werden. Spitzmorcheln und Herbsttrompeten können sehr gut ohne Aromaverlust getrocknet werden und so viele Gerichte auch außerhalb der Pilzsaison verfeinern.

KANINCHEN *mit Honig*

EINE ZEITAUFWÄNDIGE, ABER SEHR WÜRZIGE ZUBEREITUNG FÜR DAS ZARTE KANINCHENFLEISCH IST DAS „LAPIN CONFIT AU MIEL".

Zutaten für 4 Portionen

- 1 Kaninchen (ca. 1,2 kg)
- 3 Zweige Thymian
- 3 TL grobes Meersalz
- 1 TL grober schwarzer Pfeffer
- 12 ganz kleine Zwiebeln
- Salz
- 3 EL Olivenöl
- 2 TL Lavendelhonig (ersatzweise anderer würziger Honig)
- Pfeffer aus der Mühle
- ½ l kräftiger Rotwein

Zeitbedarf

- ca. 50 Minuten
- 2 Stunden marinieren
- 2 ½–3 Stunden schmoren

So geht's

1. Das Kaninchen in Portionsstücke teilen [→a]. Das Fleisch kalt abbrausen und trocken tupfen. Den Thymian waschen, trocken schütteln und die Blättchen absteifen. Thymian, grobes Salz und groben Pfeffer mischen und die Kaninchenteile mit der Mischung einreiben, in eine Schale geben und abgedeckt im Kühlschrank 2 Stunden marinieren.
2. Die Zwiebeln ca. 10 Minuten in heißem Wasser einweichen, dann lassen sie sich leichter schälen. Zwiebeln schälen und in Salzwasser 10 Minuten kochen, in ein Sieb abgießen. Den Backofen auf 100 °C (Ober- und Unterhitze; Umluft 80 °C) vorheizen.
3. Das Öl in einer großen Pfanne erhitzen und die Kaninchenstücke darin bei mittlerer Hitze in 7–10 Minuten rundum leicht braun anbraten. In eine ofenfeste flache Form legen, mit dem Honig bestreichen und die Zwiebeln darum herum verteilen, leicht salzen und pfeffern. Im heißen Ofen (Mitte) 2 ½–3 Stunden schmoren.
4. Den Bratensatz in der Pfanne mit dem Rotwein ablöschen, aufkochen und die Flüssigkeit bei starker Hitze auf die Hälfte reduzieren lassen. Etwas von dem Weinfond über die Kaninchenstücke und die Zwiebeln träufeln. Diesen Vorgang ca. alle 30 Minuten wiederholen, bis der Fond aufgebraucht ist. Dabei ab und zu die Fleischstücke und die Zwiebeln wenden.
5. Zum Servieren die Kaninchenteile mit den Zwiebeln auf Tellern anrichten und mit der entstandenen Bratensauce beträufeln.

Dazu passen kleine Bratkartoffeln oder feine Bandnudeln und ein kräftiger Rotwein wie ein Côtes du Luberon.

[a]

DAS IST *wirklich* WICHTIG

[a] DEN KOPF am Halsansatz mit einem Küchenbeil oder schweren Messer vom Rumpf trennen.
DIE VORDERLÄUFE an den Achselhöhlen entlang der Brust einschneiden, dann im Schultergelenk vom Oberkörper trennen.
DEN BRUSTKORB mit einer Küchenschere aufschneiden und die Bauchlappen mit der Schere abschneiden.
DIE KEULEN Das Fleisch der Keulen links und rechts vom Beckenknochen bis zum Knochen einschneiden. Auseinanderbiegen, im Gelenk teilen.
DEN RÜCKEN im Abstand von 5 cm mit einem schweren Messer oder einem Küchenbeil quer durchschneiden, das geht an den knorpeligen Stellen recht einfach.

KALBSLEBER

mit Kapern

FÜR DIE ORIGINALE „FOIE DE VEAU AUX CÂPRES" WIRD IN NIZZA EINE GANZE KALBSLEBER MIT SPECK GESPICKT UND IM OFEN GEBRATEN.

Zutaten für 4 Portionen

- 4 Scheiben Kalbsleber (à 150 g)
- 2 weiße Zwiebeln
- 2 Knoblauchzehen
- 2 Stangen Staudensellerie
- 2 Zweige Thymian
- 1 Stängel Petersilie
- 1 Lorbeerblatt
- 1 EL Olivenöl
- 250 g reife Tomaten
- 150 ml kräftiger Kalbsfond (ersatzweise Geflügelbrühe)
- 2 EL in Salz eingelegte Kapern (Glas)
- Salz, Pfeffer aus der Mühle

Zeitbedarf

- ca. 40 Minuten

So geht's

1. Die Leberscheiben quer in ca. 5 cm breite Stücke schneiden und mit Küchenpapier trocken tupfen. Die Zwiebeln und den Knoblauch schälen, beides in dünne Scheiben schneiden. Den Staudensellerie waschen, putzen, dabei bei Bedarf entfädeln und klein würfeln. Thymian, Petersilie und Lorbeer mit Küchengarn zu einem Kräutersträußchen zusammenbinden.
2. In einer großen Pfanne das Olivenöl erhitzen. Zwiebeln, Knoblauch und Sellerie darin bei mittlerer Hitze andünsten und leicht bräunen. Das Kräutersträußchen und die Leberstücke zugeben und leicht anbraten. Dann die Pfanne mit einem Deckel verschließen und alles bei kleiner Hitze 15 Minuten garen.
3. Inzwischen aus den Tomaten den Stielansatz herausschneiden. Die Tomaten in einer Schüssel überbrühen. Wenn die Haut anfängt, sich zu lösen, Tomaten abgießen und abschrecken, dann häuten und in kleine Würfel schneiden.
4. Die Tomaten mit dem Fond in die Pfanne geben, zugedeckt ca. 8 Minuten schmoren lassen. Die Kapern abbrausen und in die Sauce rühren. Die Kalbslebern bei ausgeschaltetem Herd noch ca. 3 Minuten ziehen lassen. Mit Salz und Pfeffer abschmecken und servieren.

Dazu passt Kartoffelpüree und ein mittelkräftiger Rotwein, z. B. von den Coteaux d'Aix-en-Provence.

KALBSKOTELETTS
mit Sardellen gefüllt

STATT MIT DEN „CÔTELETTES DE VEAU" LÄSST SICH DAS GERICHT AUCH MIT DICKEN SCHWEINESCHNITZELN ZUBEREITEN.

Zutaten für 4 Portionen

- 4 dicke Kalbskoteletts (à 200 g; nach Belieben vom Metzger Taschen einschneiden lassen)
- 6 in Salz eingelegte Sardellenfilets
- 4 Cornichons (kleine Gewürzgurken)
- 2 Knoblauchzehen
- Salz, Pfeffer aus der Mühle
- 2 EL Olivenöl
- 2 kleine weiße Zwiebeln
- 1 Bund Petersilie
- 1 Orange

besonderes Werkzeug
- Rouladennadeln

Zeitbedarf
- ca. 45 Minuten

So geht's

1. Die Koteletts kalt abbrausen, mit Küchenpapier trocken tupfen und mit einem Fleischklopfer leicht flacher klopfen. In die Fleischseite der Koteletts mit einem spitzen Messer horizontal eine Tasche einschneiden.
2. Die Sardellen kalt abspülen, trocken tupfen und fein hacken. Die Cornichons erst längs in dünne Scheiben, dann quer in feine Streifen schneiden. Den Knoblauch schälen und fein hacken. Die Hälfte des Knoblauchs mit Sardellen und Cornichons vermischen.
3. Die Koteletts außen und in den Taschen salzen und pfeffern, mit der Sardellenmischung füllen und die Taschen mit Rouladennadeln zustecken. Die Koteletts rundum mit Öl bestreichen.
4. Den Backofen auf 75 °C (Ober- und Unterhitze; Umluft 60 °C) vorheizen. Die Zwiebeln schälen und klein würfeln. Die Petersilie waschen, trocken schütteln und die Blättchen fein hacken. Die Orange auspressen.
5. Eine möglichst schwere Pfanne erhitzen. Die Koteletts bei starker Hitze auf jeder Seite 2 Minuten braten, aus der Pfanne heben und im Ofen warm halten. Die Hitze reduzieren und die Zwiebeln und den restlichen Knoblauch in der Pfanne in 2–3 Minuten glasig dünsten. Die Petersilie und den Orangensaft zugeben, kurz einkochen lassen und mit Salz und Pfeffer abschmecken. Die Koteletts in der Sauce einmal wenden und gleich servieren.

Dazu frisches Weißbrot und einen gut gekühlten Côtes de Provence rosé servieren.

DAS IST *wirklich* WICHTIG

[a] FETTRAND EINSCHNEIDEN Das Fett nicht abschneiden, denn es bringt zusätzliches Aroma. Schneiden Sie den Fettrand mit einem scharfen Messer kreuzweise ein, da sich das Fett beim Grillen mehr zusammenzieht als das Fleisch. Dabei darauf achten, dass Sie das darunterliegende Fleisch nicht verletzen.

[a]

RINDERSTEAKS *vom Grill*

DIE ROSA GEGRILLTEN STEAKS WERDEN IN DER PROVENCE „LA CHOUIO“ GENANNT, UND MIT EINER PIKANTEN SAUCE SERVIERT.

Zutaten für 4 Portionen

- 4 Rindersteaks (à 180 g; aus dem Roastbeef oder der Hüfte)
- 4 EL Olivenöl
- 2 Schalotten
- 4 Knoblauchzehen
- 2 in Salz eingelegte Sardellenfilets
- 2 frische rote Chilischoten
- 1 Zweig Thymian
- je 1 Lorbeerblatt und Gewürznelke
- 100 ml Rotweinessig
- 2 TL Mehl
- ½ l Fleischbrühe
- 1 EL in Salz eingelegte Kapern (Glas)
- 1 kleine Gewürzgurke
- Salz, Pfeffer aus der Mühle

besonderes Werkzeug

- Holzkohlegrill (ersatzweise Gasgrill)

Zeitbedarf

- ca. 1 Stunde

So geht's

1. Die Steaks trocken tupfen und den Fettrand einschneiden [→a]. Die Steaks auf beiden Seiten mit der Hälfte des Öl beträufeln, mit den Fingern einmassieren. Bei Zimmertemperatur ruhen lassen.
2. Inzwischen für die Sauce Schalotten und Knoblauch schälen, die Sardellenfilets abbrausen, trocken tupfen. Alles getrennt fein hacken. Die Chilischoten waschen, Stielansätze abschneiden, Schoten längs aufschlitzen und die Kerne samt Trennwänden entfernen. Chilis klein würfeln.
3. In einem Topf das restliche Öl erhitzen und die Schalotten darin bei mittlerer Hitze anbräunen. Knoblauch, Sardellen, Chilis, Thymianzweig und Gewürze zugeben und mit dem Essig ablöschen. Einmal aufkochen, dann vollständig einkochen lassen. Das Mehl einstreuen und kurz anschwitzen. Unter Rühren nach und nach die Brühe angießen, aufkochen, dann ca. 15 Minuten offen leise köcheln lassen, bis die Sauce leicht andickt.
4. Inzwischen die Kapern in einem Sieb abspülen, fein hacken. Die Gewürzgurke klein würfeln. Beides unter die Sauce rühren, mit Salz und Pfeffer abschmecken. Ganze Gewürze entfernen.
5. Den Holzkohlegrill vorbereiten und anheizen. Die Steaks bei starker, direkter Hitze pro Seite in 3 Minuten rosa oder in 5 Minuten medium grillen. Mit Salz und Pfeffer würzen und mit der warmen Sauce servieren.

Dazu passt ein bunter Salat, frisches Baguette und ein Rotwein von den Côtes du Rhône Villages, wie z. B. ein Rasteau.

OCHSENRIPPE
mit Schalotten

EIN LIEBLINGSSTÜCK DER SÜDFRANZOSEN IST DAS „CÔTE DE BŒUF“, EIN RIESENKOTELETT VOM RIND, BEI UNS AUCH HOCHRIPPE GENANNT.

Zutaten für 4 Portionen

- 1 Scheibe Ochsenrippe mit Knochen (ca. 6 cm dick, ca. 1,3 kg; am besten vorbestellen)
- 2 EL Olivenöl
- 150 g Schalotten
- 2 Knoblauchzehen
- 100 g Butter
- 200 ml Weißwein
- Salz, Pfeffer aus der Mühle

Zeitbedarf

- ca. 1 ¼ Stunden

So geht's

1. Das Fleisch mit Küchenpapier trocken tupfen. Den Fettrand mehrmals bis dicht an das Fleisch einschneiden. Die Rippe rundum mit Öl einreiben. Schalotten und Knoblauch schälen und fein hacken.
2. In einem Schmortopf 2 EL Butter zerlassen. Schalotten und Knoblauch darin bei sehr schwacher Hitze ca. 20 Minuten dünsten.
3. Inzwischen eine schwere Pfanne bei starker Hitze sehr heiß werden lassen und die Ochsenrippe darin auf beiden Seiten jeweils 1 Minute anbraten. Auf mittlere Hitze zurückschalten, 50 g Butter in kleinen Stücken auf das Fleisch verteilen und das Steak offen in 20 Minuten blutig oder in 30 Minuten rosa braten, dabei darf das Fett nur leise brutzeln. Dazwischen das Steak ab und zu wenden und mit Bratfett beträufeln. Backofen mit einer Servierplatte auf 70 °C (Ober- und Unterhitze) vorheizen.
4. Während das Steak brät, Schalotten mit 100 ml Wein ablöschen und die Flüssigkeit bei mittlerer Hitze auf die Hälfte einkochen.
5. Die Ochsenrippe mit Salz und Pfeffer würzen, auf die Servierplatte heben und im Ofen 10 Minuten nachziehen lassen. Den Bratensatz in der Pfanne mit dem übrigen Weißwein loskochen und dann zu den Schalotten gießen. Die restlichen 30 g Butter unter die Sauce schlagen, mit Salz und Pfeffer würzen. Die Ochsenrippe tranchieren **[→a]**, mit der Sauce übergießen und servieren.

Dazu passen kleine in Butter und Petersilie geschwenkte Pellkartoffeln und ein würziger Rotwein.

KÜCHENGEHEIMNIS | FLEISCH **möglichst nur mit Küchenpapier trocknen, der Fleischsaft bildet beim Braten eine schützende, würzige Kruste.**

[a]

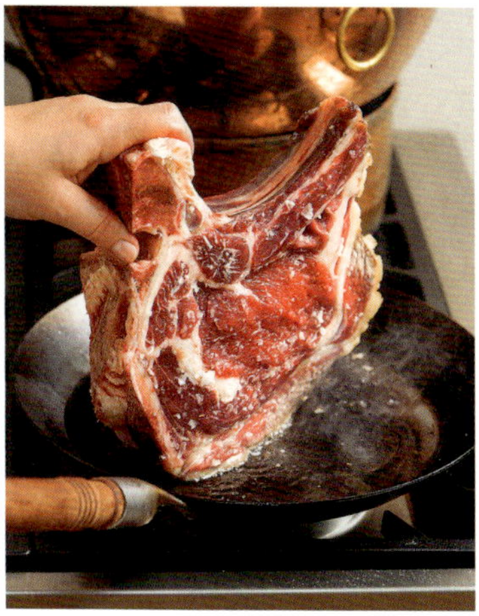

DAS IST *wirklich* WICHTIG

[a] TRANCHIEREN Das Fleisch mit einem sehr scharfen Messer leicht schräg in ca. 1 cm dicke Scheiben schneiden und so verteilen, dass jeder von allen Fleischsorten etwas erhält.

SONNE IM GLAS

Weine der Provence

BIS VOR KURZEM STANDEN VOR ALLEM ROSÉWEINE AUS DEN TYPISCHEN KEULENFLASCHEN FÜR DAS WEINANGEBOT DER PROVENCE.

WIEDERENTDECKUNG

Schon Cäsar wusste den Wein der Provence zu schätzen und soll ihn seinen Legionären nach der Eroberung Galliens zur Stärkung gereicht haben. Danach geriet die 2000 Jahre alte Weintradition der Region in Vergessenheit. Erst durch den zunehmenden Fremdenverkehr und vor allem seit junge, engagierte Winzer das Image des Roséweins wieder auf Vordermann gebracht haben, hat Wein aus der Provence auch bei uns wieder an Beliebtheit und Bekanntheit gewonnen.

DIE WEINBAUREGION PROVENCE

Die Hauptmenge des roséfarbenen Weines wird in dem im Osten liegenden Weinbaugebiet „Côtes de Provence", in den Departements Var und Bouches-du-Rhône, angebaut. In letzterem Department wachsen auch die Weinreben des Gebiets „Coteaux d'Aix-en-Provence". Aus der dortigen Gebirgsregion Saint-Victoire kommen der beste Rosé sowie sehr gute Weißweine aus der Rebsorte Rolle. Weitere Weißweine aus dieser Traube werden in einem kleinen, nur 600 Hektar großen Weinbaugebiet oberhalb von Nizza gekeltert und sind an der Herkunftsbezeichnung „Bellet" zu erkennen. Zwischen Marseille und Toulon liegt das kleine Örtchen Cassis, das berühmt ist für seine Weißweine, die so gut wie sonst keine anderen zu Fisch und Meeresfrüchten passen, aber leider auch fast nur dort erhältlich sind. Unbedingt erwähnenswert ist außerdem das kleine Anbaugebiet „Les Baux de Provence", das erst 1995 als eigenes Gebiet anerkannt wurde. Neben sehr guten Roséweinen wird hier auch Rotwein hergestellt.

Das Paradepferd der überregionalen Weinbauregion „Côtes du Rhône" (Hänge der Rhône), deren südlicher Teil zur Provence gehört, ist der rote „Châteauneuf-du-Pape". Er wird aus 13 verschiedenen Rebsorten hergestellt, die alle auf steinigen Böden gedeihen. Der gehaltvolle Rotwein schmeckt am besten zu dunklem Fleisch und Wild.

Weitere feine und trockene Roséweine, wie der Tavel, aber auch milde Rotweine kommen aus dem Weinbaugebiet „Côtes du Luberon", das nach der Gebirgskette Luberon, einem Nationalpark, benannt ist und im südlichen Abschnitt „Côtes du Rhône" liegt. Dort, im Department Vaucluse, wachsen zwischen Lavendelfeldern und Olivenhainen die Rebflächen der „Côtes du Rhône Villages". Die lange lagerfähigen Rotweine aus den Orten Cairanne und Rasteau sind gerbstoffreich und passen gut zu Rindfleisch und Wild. Berühmte Rotweine, vor allem aus der Rebsorte Grenache, kommen aus den benachbarten Gemeinden Gigondas und Vacqueyras. Seit kurzem hat es auch ein Dessertwein, der „Beaume de Venise", geschafft, in die höheren Ränge der Rhône-Weine aufgenommen zu werden.

DAS IST *wirklich* WICHTIG

[a] KRÄUTERSTRAUSS BINDEN

Dafür die Orange waschen und ein Stück Schale (ca. 5 cm) ohne die weiße darunterliegende Haut abschneiden – das Weiße schmeckt bitter. Die Gewürznelken in die Orangenschalenstreifen stecken, so schwimmen sie später nicht in der Sauce. Die Kräuter waschen, trocken schütteln und mit der gespickten Orangenschale und dem Lorbeerblatt mithilfe von Küchengarn zu einem Strauß binden.

[a]

SCHMORTOPF
mit Rindfleisch

FRÜHER WURDE DER „DAUBE DE BŒUF“ MORGENS IN DEN OFEN GESCHOBEN, UM IHN ABENDS NACH GETANER ARBEIT FERTIG WIEDER HERAUS ZU HOLEN.

Zutaten für 6 Portionen

- 1 kg Rindfleisch zum Schmoren
- 1 Bio-Orange
- 3 Gewürznelken
- 3 Stängel Petersilie
- 3 Zweige Thymian
- 1 Zweig Rosmarin
- 1 Lorbeerblatt, 2 Zwiebeln
- 3 Knoblauchzehen
- ¾ l kräftiger Rotwein
- 3 dicke Möhren
- 100 g durchwachsener Speck (am Stück)
- 500 g Tomaten, 3 EL Olivenöl
- 2–3 EL Mehl
- Salz, Pfeffer aus der Mühle

besonderes Werkzeug

- 1 großer Gefrierbeutel (6 l Inhalt)

Zeitbedarf

- ca. 1 Stunde
- 12 Stunden marinieren
- 4 ¾ Stunden garen

So geht's

1. Das Fleisch trocken tupfen, ca. 4 cm groß würfeln. Aus einem Stück Orangenschale, Kräutern und Lorbeer ein Sträußchen binden [→a]. Zwiebeln und Knoblauch schälen, grob würfeln und mit dem Kräuterstrauß und Fleisch in den Gefrierbeutel geben. Wein darübergießen, den Beutel fest verschließen und zum Marinieren über Nacht in den Kühlschrank legen.
2. Das Fleisch in ein Sieb abgießen, die Marinade dabei auffangen. Die Fleischstücke trocken tupfen. Die Möhren schälen und in ca. 1 cm dicke Scheiben schneiden. Den Speck klein würfeln. Die Tomaten häuten und ohne Stielansatz würfeln.
3. Das Öl in einem Schmortopf erhitzen, den Speck darin bei mittlerer Hitze anbraten, aus dem Topf heben. Das Mehl salzen und pfeffern und die Fleischwürfel portionsweise darin wenden und im heißen Bratfett rundum anbraten, herausheben.
4. Den Backofen auf 175 °C (Ober- und Unterhitze; Umluft 150 °C) vorheizen. Die Hälfte von Möhren und Speck mit Zwiebeln und Knoblauch aus der Marinade in den Schmortopf geben. Fleisch darüber verteilen, Kräuterstrauß dazulegen, mit restlichem Gemüse und Speck bedecken. Marinade angießen und aufkochen.
5. Die Tomaten zum Fleisch geben. Alles salzen und pfeffern. Den Topf zuerst mit Alufolie abdecken, dann den Deckel aufsetzen und das Fleisch im Ofen (Mitte) 30 Minuten garen. Die Hitze auf 90 °C (Umluft 80 °C) reduzieren und alles weitere 4 Stunden schmoren.
6. Die Orange auspressen, den Saft zum Fleisch geben. Weitere 15 Minuten ziehen lassen. Das Kräutersträußchen entfernen, abschmecken und servieren.

Dazu passen Bandnudeln oder Makkaroni und ein würziger Rotwein wie ein Gigondas.

LAMMKEULE *mit Lavendel*

WENN DIE „GIGOT D'AGNEAU À LA LAVANDE" IM OFEN SCHMORT, DUFTET ES IN DER KÜCHE WIE IN DER PROVENCE.

Zutaten für 4 Portionen

- 1 Lammkeule mit Knochen (ca. 1,5 kg)
- Salz, Pfeffer aus der Mühle
- 2 EL Olivenöl
- 2–3 Lavendelzweige mit Blüten
- 2 weiße Zwiebeln
- 3 Knoblauchzehen
- 3 Stangen Staudensellerie
- 500 g reife Tomaten
- 75 g kleine violette Oliven mit Stein

Zeitbedarf

- ca. 45 Minuten
- ca. 1 ¼ Stunden garen

So geht's

1. Den Ofen auf 225 °C (Ober- und Unterhitze; Umluft 200 °C) vorheizen und einen passenden Bräter auf einen Rost in den Ofen (unten) stellen. Von der Lammkeule Häute und Sehnen abschneiden und die Fettschicht einschneiden [→a]. Die Keule mit Küchenpapier trocken tupfen und rundum zuerst mit Salz und Pfeffer, dann mit Olivenöl einreiben. Die Keule mit der Fettschicht nach unten in den heißen Bräter legen. Im Ofen offen 10 Minuten anbraten, dann die Keule umdrehen und die Ofentemperatur auf 200 °C (Umluft 175 °C) reduzieren. Weitere 20 Minuten braten.
2. Die Lavendelzweige waschen und trocken schütteln. Die Zwiebeln und den Knoblauch schälen, die Zwiebeln in Spalten schneiden, den Knoblauch hacken. Den Sellerie waschen, putzen und in mundgerechte Stücke schneiden. Alle vorbereiteten Zutaten um die Keule herum verteilen, salzen und pfeffern. Weitere 30 Minuten braten, dabei das Gemüse ab und zu wenden. Wenn das Gemüse bräunt, ca. 150 ml Wasser angießen und die Lammkeule mit etwas Bratensaft beträufeln.
3. Inzwischen die Tomaten häuten, putzen, entkernen und würfeln. Tomaten und Oliven unter das Gemüse mischen. Alles weitere 15–20 Minuten im Ofen braten.
4. Die Lammkeule aus dem Bräter heben, in Alufolie wickeln und im abgeschalteten Ofen bei leicht geöffneter Tür 15 Minuten ruhen lassen. Die Lavendelzweige aus der entstandenen Gemüse-Bratensauce entfernen. Die Sauce auf dem Herd etwas einkochen lassen. Salzen und pfeffern und zur Lammkeule servieren.

Dazu passt Baguette und ein kräftiger Rotwein wie z. B. ein Châteauneuf-du-Pape.

DAS IST *wirklich* WICHTIG

[a] FETTSCHICHT Damit die Lammkeule nicht austrocknet, sollten noch 2–3 mm Fett das Fleisch bedecken. Diese Schicht mit einem scharfen Messer mehrmals einschneiden. Die Fettschicht schmilzt in der Hitze und hält die Keule saftig.

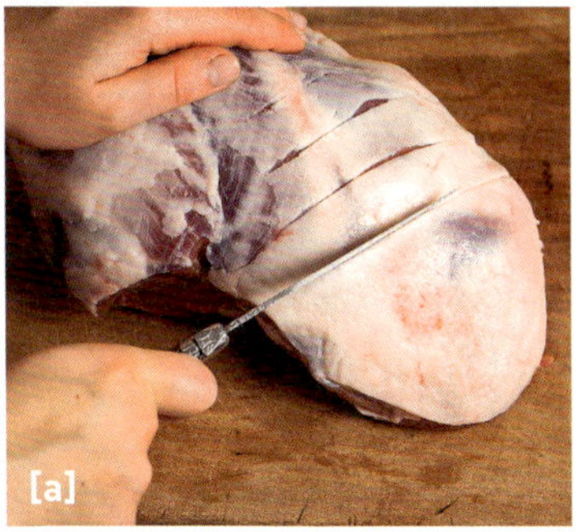
[a]

DESSERTS

Süßer Abschluss

FRISCHES OBST, SÜSSE LECKEREIEN ODER AUCH MAL KUCHEN. SO SIEHT IN DER PROVENCE DER TRADITIONELLE ABSCHLUSS EINES MENÜS AUS.

MELONENSALAT
in Erdbeerpüree

EIN GANZ EINFACHES, LEICHTES DESSERT FÜR SOMMERLICH HEISSE TAGE IST DER „SALADE DE MELON ET PURÉE DE FRAISES".

Zutaten für 4 Portionen

- 1 Cavaillon-Melone (ca. 1 kg; ersatzweise Honigmelone)
- 250 g Erdbeeren
- 1–2 EL Honig
- 1 EL frisch gepresster Zitronensaft
- ¼ Bund frische Minze

besonderes Werkzeug
- Kugelausstecher
- Mixer oder Pürierstab

Zeitbedarf
- ca. 20 Minuten
- 2 Stunden marinieren

So geht's

1. Die Melone waschen, längs halbieren und die Kerne samt dem faserigen Fruchtfleisch mit einem Löffel herauskratzen. Aus dem Fruchtfleisch Kugeln ausstechen **[→a]** und in eine Schüssel füllen. Aus den Schalenhälften mithilfe eines Löffels das restliche Fruchtfleisch herauslösen.
2. Die Erdbeeren waschen, in einem Sieb gut abtropfen lassen, dann erst die Blütenkelche abzupfen oder herausschneiden. Die Erdbeeren in grobe Stücke schneiden und mit dem Honig im Mixer oder mit dem Pürierstab zu einem glatten Püree zerkleinern. Den Zitronensaft unterrühren. Das Beerenpüree nach Belieben durch ein Sieb streichen, zu den Melonenkugeln geben und beides vorsichtig vermengen. Abgedeckt im Kühlschrank ca. 2 Stunden marinieren lassen.
3. Zum Servieren die Minze waschen, trocken schütteln und die Blättchen abzupfen. Den Melonensalat in die Melonenschalen verteilen und mit den Minzeblättchen garnieren.

KÜCHENGEHEIMNIS | ERDBEEREN **Das feine Aroma der Erdbeeren steckt unmittelbar unter den grünen Blütenkelchen. Darum die Beeren erst kurz in stehendem Wasser waschen, dann erst die Kelche entfernen, sonst verlieren sie ihren Geschmack.**

DAS IST *wirklich* WICHTIG

[a] MELONENKUGELN bekommt man, indem man das Fruchtfleisch nach und nach mithilfe eines Kugelausstechers aus den Schalenhälften herauslöst. Das sieht besonders hübsch aus. Außerdem bleiben so die Schalenhälften ganz und können zum Anrichten verwendet werden.

La Parfait
Super
BOCAL D
CLÉMENTIN
CONFITES

CAVAILLON
2M
Proven

SÜSSES OBST
und Zitrusfrüchte

KÖSTLICHE ERDBEEREN, ÄPFEL UND BIRNEN, WEINBERG-PFIRSICHE UND EINE SÜSSE MELONENSORTE, DIE NACH EINER STADT BENANNT WURDE – DIE PROVENCE IST EIN PARADIES FÜR SCHLECKERMÄULER.

ZITRUSFRÜCHTE

Die kleine Stadt Menton liegt als östlichste Stadt der Côte d'Azur an der Grenze zu Italien und gilt als „Königreich der Zitronen". Weil die Ausläufer der Seealpen die kalten Winde abschirmen, ist es dort auch im Winter immer etwas wärmer als im nur wenige Kilometer entfernten Nizza. Die Zitronen- und Orangenhaine begründeten einst auch den Wohlstand der Stadt. Das wird jedes Jahr zum Anlass genommen, den Zitrusfrüchten zu Ehren ein Fest, die „Fête du Citron", zu feiern. Der dafür veranstaltete Umzug sowie riesige aus Zitrusfrüchten gestaltete Figuren und Motive locken fast ebenso viele Besucher in die Stadt wie der Karneval in Nizza. Aber nicht nur die hier angebauten Zitronen sind wegen ihres Aromas in ganz Frankreich geschätzt, auch Mandarinen, Pampelmusen und Kumquats werden angebaut und noch direkt vor Ort zu wohlschmeckenden Marmeladen, Gelees und Likören verarbeitet.

FRÜCHTEVIELFALT

Die besten Erdbeeren soll es in der Gegend von Carpentras und von Carros geben. Am beliebtesten ist die Sorte „gariguette", eine frühreife, längliche Beere, die schon ab April geerntet wird, und die Sorte „mara des bois" mit ihren aromatischen, kleinen Früchten, die vom Sommer bis zum Herbstanfang reifen.

Ab Juni gibt es außerdem die köstlichen flachen Weinberg-Pfirsiche mit weißem Fruchtfleisch, später folgen gelbfleischige Pfirsiche, Nektarinen und die „brugnons", der französische Name für Nektarinen mit festsitzendem Stein.

Die Stadt Cavaillon liegt südöstlich von Avignon am Rand der Gebirgskette Luberon und ist berühmt für ihre Melonen. Sie werden neben anderem Obst und Gemüse rund um Cavaillon angebaut und entwickeln sich dort wegen der idealen Bedingungen so gut wie sonst nirgends. Aus der „Welthauptstadt der Melone", wie sie sich selbst stolz nennt, kommen ab Ende Juni die ersten Früchte auf die Märkte. Die „Cavaillon-Melone", eine Variante der aus Rom stammenden Cantaloupe-Melone, wurde sogar nach der Stadt benannt. Sie hat eine fast kugelrunde Form und ein süßes und würzig-aromatisches Fruchtfleisch.

Äpfel und Birnen benötigen dagegen ein etwas raueres Klima, um ihr Aroma zu entwickeln. Die besten Früchte kommen aus den Hautes-Alpes, den südlichen Voralpen, vor allem von den Pays du Buëch. Dort wird auch noch ein geschätzter Obstgeist nach altem Familienrezept gebrannt.

FEIGEN
mit Lavendel-Sahne

DIE „FIGUES À LA NIÇOISE" SIND SCHNELL UND EINFACH GEMACHT UND LASSEN ALS MENÜ-ABSCHLUSS KEINE WÜNSCHE OFFEN.

Zutaten für 4 Portionen

- 12 frische reife Feigen
- 1 kleine Bio-Orange
- 3 EL Zucker
- 2 EL Pinienkerne
- 50 ml milder Weißwein
- 2 Zweige Thymian
- 200 g Sahne
- 2 EL Lavendel-Honig

Zeitbedarf
- ca. 25 Minuten
- 25 Minuten backen

So geht's

1. Die Feigen waschen und mit Küchenpapier trocken tupfen. Die harten Stielenden mit einem Messer knapp abschneiden. Die Feigen oben kreuzweise 2–3 cm tief einschneiden. Die Orange heiß waschen, trocknen reiben und ca. ½ EL Schale abreiben. Die Orange auspressen. Den Backofen auf 175 °C (Ober- und Unterhitze; Umluft 160 °C) vorheizen.
2. Den Zucker in einer kleinen Pfanne bei mittlerer Hitze karamellisieren lassen [→a]. Das Pfännchen vom Herd nehmen, die Pinienkerne und die Orangenschale zügig einrühren, damit der Karamell nicht zu kalt wird. Dann den Orangensaft und den Weißwein hineingießen [→b]. Das Pfännchen wieder auf den Herd stellen, aufkochen und bei schwacher Hitze köcheln lassen, bis sich der Karamell wieder aufgelöst hat.
3. Inzwischen die Feigen in eine passende Auflaufform setzen. Die Thymianzweige waschen, trocken schütteln und zwischen die Früchte stecken. Alles gleichmäßig mit dem Sirup überträufeln. Die Form mit einem Deckel oder mit Alufolie abdecken und die Feigen im Ofen (Mitte) ca. 25 Minuten backen. Die Form aus dem Ofen nehmen und die Feigen abkühlen lassen.
4. Kurz vor dem Servieren die Sahne mit dem Honig steif schlagen und zu den Feigen reichen.

[b]

DAS IST *wirklich* WICHTIG

[a] KARAMELL ZUBEREITEN Bis der Zucker schmilzt, kann es etwas dauern. Rühren Sie dabei nicht um. Haben Sie Geduld, bis der Zucker flüssig und dann goldbraun wird.

[b] ABLÖSCHEN Vorsicht beim Aufgießen von Orangensaft und Wein, der karamellisierte Zucker ist sehr heiß und es kann spritzen.

DAS IST *wirklich* WICHTIG

[a] KIRSCHEN ENTSTEINEN Dafür sollten die Früchte am besten reif, aber noch fest sein. Wenn Sie keinen Entsteiner haben, einfach mit einem langen Holzspieß die Kerne von unten aus zur Stielseite hin aus dem Fruchtfleisch drücken.

[a]

KLEINE KÜCHLEIN *mit Kirschen*

ENDE MAI REIFEN IN DER PROVENCE SCHON DIE ERSTEN KIRSCHEN UND KÖNNEN ZU „PETITS MOELLEUX AUX CÉRISES" VERBACKEN WERDEN.

Zutaten für 6 Stück

- 400 g frische Kirschen
- 4 Eier (Größe M)
- Salz
- 80 g Zucker
- 100 g Mehl
- 70 g weiche Butter
- 1 EL Tresterschnaps (z. B. Marc de Provence; ersatzweise Grappa)
- ½ TL gemahlener Zimt
- Butter für die Förmchen
- Puderzucker zum Bestäuben

besonderes Werkzeug
- 6 Tarte-Förmchen (à ca. 10 cm Ø)

Zeitbedarf
- ca. 35 Minuten
- 25 Minuten backen

So geht's

1. Die Kirschen waschen und in einem Sieb abtropfen lassen. Die Stiele entfernen und die Kirschen entsteinen **[→a]**. 100 g schöne Kirschen beiseitelegen, die übrigen halbieren.
2. Die Eier trennen. Die Eiweiße mit 1 Prise Salz steif schlagen. Eigelbe und Zucker mit den Quirlen des Handrührgeräts weißschaumig rühren. Mehl, weiche Butter, Tresterschnaps und Zimt dazugeben und kurz unter die Eigelbmasse rühren, bis alles vermischt ist. Den Eischnee und die halbierten Kirschen vorsichtig unterheben.
3. Den Backofen auf 180 °C (Ober- und Unterhitze; Umluft 160 °C) vorheizen. Die Tarte-Förmchen mit Butter einfetten, dann den Teig einfüllen und die Küchlein im Ofen (Mitte) ca. 10 Minuten backen. Danach die Oberfläche der Küchlein mit den übrigen ganzen Kirschen belegen und die Küchlein weitere 10 – 15 Minuten backen. Die Törtchen sind fertig, wenn an einem eingestochenen Holzstäbchen kein Teig mehr kleben bleibt.
4. Die Küchlein mit Puderzucker überstäuben und warm oder lauwarm servieren.

KÜCHENGEHEIMNIS | EIWEISSE STEIF SCHLAGEN **gelingt nur in einer fettfreien Schüssel. Weil die Eigelbe Fett enthalten, darf beim Trennen nichts davon zu den Eiweißen kommen.**

CRÊPES SUZETTE

süßer Klassiker

DIESE DÜNNEN PFANNKUCHEN MIT MANDARINENBUTTER WURDEN IN MONACO KREIERT UND VERBREITETEN SICH RASCH ÜBER DIE GANZE CÔTE D'AZUR.

Zutaten für 4 Portionen

- 2 Bio-Mandarinen (ersatzweise 1 Bio-Orange)
- 75 g weiche Butter
- 100 g Mehl
- ¼ l Milch
- 3 Eier (Größe M)
- 6 EL Zucker
- 3 TL Orangenlikör (z. B. Grand Marnier)
- Salz
- Butterschmalz zum Braten

Zeitbedarf

- ca. 1 Stunde
- 30 Minuten quellen lassen

So geht's

1. Für den Crêpes-Teig die Mandarinen waschen, trocken reiben und ca. 2 TL Schale abreiben. 25 g Butter in einem Topf schmelzen und lauwarm abkühlen lassen. Damit keine Klümpchen entstehen, das Mehl nach und nach mit der Milch verrühren, dann die Eier unterschlagen. Falls die Mischung trotzdem nicht ganz glatt wird, mit einem Pürierstab kurz durchmixen. Zum Schluss flüssige Butter, 1 TL Mandarinenschale, 1 EL Zucker, 1 TL Orangenlikör und 1 Prise Salz unterrühren. Abgedeckt bei Zimmertemperatur 30 Minuten quellen lassen.
2. Den Saft der Mandarinen auspressen. Restliche Butter und übrigen Zucker mit den Quirlen des Handrührgeräts schaumig rühren. Mandarinensaft, restliche Mandarinenschale und übrigen Orangenlikör untermischen.
3. In einer großen beschichteten Pfanne wenig Butterschmalz bei mittlerer Hitze zerlassen. Eine Schöpfkelle Teig in die Pfanne gießen und die Pfanne so schwenken, dass sich der Teig dünn auf dem gesamten Boden verteilt. Ca. 1 Minute backen, Crêpes wenden und in 1 weiteren Minute fertig backen, auf einen Teller gleiten lassen. Aus dem restlichen Teig weitere 7 Crêpes backen **[→a]**.
4. Kurz vor dem Servieren in einer großen Pfanne 1 EL Mandarinenbutter erhitzen. Die restliche Mandarinenbutter in Klecksen auf die Crêpes verteilen, diese zu Vierteln zusammenfalten, in die Pfanne legen und heiß werden lassen. Auf vorgewärmten Tellern mit der geschmolzenen Butter beträufeln.

SO SCHMECKT'S AUCH | FLAMBIERTE CRÊPES **Dafür die Pfanne mit den heißen Crêpes auf einem Réchaud auf den Tisch stellen. Die Crêpes mit jeweils 1 EL Grand Marnier und einem Schuss Cognac übergießen, vorsichtig mit einem langen Streichholz entzünden und brennen lassen.**

DAS IST *wirklich* WICHTIG

[a] CRÊPES BACKEN Damit die Crêpes weich bleiben und nicht zu stark bräunen, die Pfanne nach jedem Pfannkuchen etwas abkühlen lassen, dann erst wieder Teig eingießen. Zwischen die fertigen Crêpes eine Lage Backpapier legen, das hilft zusätzlich, sie geschmeidig zu halten.

[a]

SCHOKOKÜCHLEIN
mit Beerenkompott

DESSERT-HIT DER CÔTE D'AZUR: „GÂTEAUX AU CHOCOLAT CHAUD", WARME SCHOKOLADENKÜCHLEIN MIT FLÜSSIGEM KERN.

Zutaten für 4 Portionen

- 300 g gemischte Beeren (Himbeeren, Brombeeren, Johannisbeeren und Stachelbeeren)
- 4 EL heller Honig
- 100 ml kräftiger Rotwein (ersatzweise Traubensaft)
- 100 g Zartbitter-Schokolade
- 50 g Butter
- Butter und Mehl für die Förmchen
- 2 Eier (Größe M)
- 50 g Puderzucker
- 50 g Mehl

besonderes Werkzeug
- 4 ofenfeste Förmchen (à ca. 100 ml)

Zeitbedarf
- ca. 30 Minuten
- 6 – 8 Minuten backen

So geht's

1. Die Beeren verlesen, putzen und bei Bedarf waschen, in einem Sieb abtropfen lassen. In einem Topf den Honig erhitzen, den Rotwein dazugießen und kräftig aufkochen lassen. Die Beeren zugeben und darin schwenken, bis sie heiß sind. Den Topf vom Herd nehmen und die Beeren abkühlen lassen.
2. Die Schokolade hacken und mit der Butter unter Rühren über einem heißen Wasserbad langsam zu einer glatten Creme schmelzen lassen. Vom Wasserbad nehmen und abkühlen lassen, bis die Schokolade gerade noch cremig-fließend ist.
3. Den Backofen auf 220 °C (Ober- und Unterhitze; Umluft 200 °C) vorheizen. Die Förmchen mit Butter einfetten und mit Mehl ausstreuen, überschüssiges Mehl aus den Förmchen schütteln.
4. Eier und Puderzucker mit den Quirlen eines Handrührgeräts zu einer weiß-schaumigen Creme aufschlagen, das Mehl unterrühren und zum Schluss die flüssige Schokolade unterziehen. Den Schokoteig auf die Förmchen verteilen und im heißen Ofen (Mitte) ca. 6 – 8 Minuten backen **[→a]**. Die Küchlein auf Dessertteller stürzen und das Beerenkompott darüberlöffeln. Warm servieren.

Dazu einen gehaltvollen Dessertwein wie z. B. einen Rasteau Vin doux naturel von den Côtes du Rhône servieren.

DIE VARIANTE | APRIKOSENKOMPOTT

500 g aromatische Aprikosen, 2 EL frisch gepresster Zitronensaft, 2 EL Zucker, 1 Päckchen Vanillezucker Die Aprikosen waschen, häuten, entkernen und in Spalten schneiden. Mit Zitronensaft und beiden Zuckern in einem Topf 5 Minuten bei schwacher Hitze dünsten, abkühlen lassen.

DAS IST *wirklich* WICHTIG

[a] FLÜSSIGER KERN Die Küchlein sind fertig, wenn die äußere Teigschicht ca. 1 cm tief fest und trocken und der Kern noch flüssig ist. Am besten ein Holzstäbchen vorsichtig bis zur Teigmitte einstechen, es sollte etwas flüssiger Teig daran kleben bleiben.

MIEL
Les Demoiselles
Tilleul

Noir de Provence

SÜSSE LECKEREIEN
und eine Weihnachtstradition

HONIG UND MANDELN, KANDIERTE FRÜCHTE UND FEINES GEBÄCK – SCHON IMMER HATTE DIE PROVENCE EINE VORLIEBE FÜR SÜSSIGKEITEN.

HONIG & NOUGAT

Aus der Provence kommt die sicherlich älteste Süßigkeit, der Honig, mit ganz besonderen Aromen. Dort sammeln Bienen den mit einer Herkunftsbezeichnung geschützten „miel de Provence". Er vereint den typischen Geschmack von Kräutern und Sträuchern der Provence. Macchiahonig entsteht in Küstennähe aus den Macchia-Vegetationen – einem Gestrüpp aus immergrünen Sträuchern und Baumarten. Daneben gibt es würzigen Rosmarinhonig, kräftigen Kastanienhonig und den zart duftenden, lieblichen Lavendelhonig, den „miel de lavande", der in der Haute-Provence hergestellt wird und zu den besten Honigsorten von ganz Frankreich zählt.

Lavendelhonig ist auch die wichtigste Zutat für den provenzalischen Nougat. Der ist nicht mit unserem schokoladenähnlichen Nussnougat zu vergleichen, sondern ähnelt eher dem „Torrone" aus der italienischen Lombardei. Traditionell werden eine weiße und eine dunkle Sorte hergestellt. Der weiße „nougat de Montélimar" besteht aus Eischnee, Sirup, Lavendelhonig, Zucker und Mandeln. Zwischen Oblaten getrocknet und in Streifen geschnitten kommt er in den Handel. Der dunkle oder „schwarze" Nougat besteht nur aus Honig und gerösteten Mandeln, schmeckt kräftiger und ist härter als die helle Sorte.

KANDIERTE FRÜCHTE

Ein absoluter süßer Höhepunkt sind die kandierten Früchte von Apt. Am besten sind die in Konditoreien noch handwerklich hergestellten „fruits confits", die in einem aufwändigen Prozess in immer konzentrierterer Zuckerlösung eingekocht werden. Doch echtes Handwerk ist hierbei fast so selten geworden wie bei der Herstellung von „calissons d'Aix" aus Aix-au-Provence. Das edle Mandelkonfekt mit kandierten Melonen und Orangen hat die Form eines Weberschiffchens und wird in kleinen Dosen verkauft.

PROVENZALISCHE WEIHNACHT

Diese berühmten Süßigkeiten gehören zu den „treize desserts", die am Weihnachtsabend als Abschluss eines großen Essens noch vor der Mitternachtsmesse aufgetragen werden. Die Zahl 13 leitet sich von den Teilnehmern des letzten Abendmahls, Jesus und den zwölf Jüngern, ab. Die Zusammenstellung variiert von Ort zu Ort, aber vier „Bettler" (nach den vier Bettelorden des Mittelalters) sind immer dabei: Nüsse, getrocknete Feigen, Mandeln und Rosinen, dazu ein süßer Kuchen mit Olivenöl, die „pompe à l'huile", oder auch eine Fougasse, ein süßer Hefefladen (s. Rezept Seite 124), ergänzt durch weißen und dunklen Nougat, Calissons und andere Kekse, kandierte Früchte und frisches Obst.

HEFEFLADEN

mit Honig

DIE LUSTIGEN, BLATTÄHNLICHEN „FOUGASSETTES" GIBT ES IN GRASSE DAS GANZE JAHR ÜBER ZUM KAFFEE, IN NIZZA NUR AN WEIHNACHTEN.

Zutaten für 4 Portionen

- 1 Päckchen Trockenhefe
- 60 ml mildes Olivenöl
- 4 EL Orangenblütenwasser (Asia-Laden)
- 3 EL Honig
- 500 g Mehl (Type 550)
- Salz
- 1 Prise gemahlener Safran
- Mehl für die Arbeitsfläche

Zeitbedarf

- ca. 30 Minuten
- 2 Stunden ruhen lassen
- 20 Minuten backen

So geht's

1. Die Hefe mit 250 ml lauwarmem Wasser verrühren. 50 ml Olivenöl, Orangenblütenwasser und Honig dazugeben. Mehl, 1 Prise Salz und Safran mischen, den Hefeansatz dazugießen, alles kneten, bis der Teig ganz glatt und geschmeidig ist. Bei Bedarf noch 20–30 ml Wasser einarbeiten. Den Teig in der Schüssel zugedeckt an einem warmen Ort ca. 1 Stunde gehen lassen.
2. Wenn der Teig sein Volumen verdoppelt hat, in 4 gleich große Stücke teilen. Jedes Stück auf einer bemehlten Arbeitsfläche mit den Händen flach drücken und zu ca. 1 cm dicken Ovalen ausrollen. Mit einem Messer die Ovale an den langen Seiten mehrmals schräg (wie die Adern eines Blattes) einschneiden, dabei jeweils einen ca. 3 cm breiten Rand lassen, und die Einschnitte mit den Fingern auf mindestens 3 cm verbreitern. Die Fladen auf ein mit Backpapier belegtes Backblech legen, mit einem feuchten Tuch abdecken und 1 weitere Stunden gehen lassen.
3. Den Backofen auf 250 °C (Ober- und Unterhitze; Umluft 230 °C) vorheizen. Die Einschnitte der Fougassettes eventuell nochmals verbreitern, die Oberflächen mit dem restlichen Olivenöl bepinseln und die Fladen im Ofen (Mitte) 15–20 Minuten backen, bis sie schön gebräunt sind. Warm oder abgekühlt servieren.

EIERKUCHEN

mit Aprikosen und Himbeeren

BIS ENDE AUGUST, SOLANGE ES FRISCHE APRIKOSEN UND HIMBEEREN GIBT, KOMMT DIE „GALETTE D'ABRICOTS ET FRAMBOISES" AUF DEN TISCH.

Zutaten für ca. 8 – 12 Stücke

- 4 Eier (Größe M)
- 90 g Zucker
- 100 g Mehl
- Salz
- 400 ml Milch
- 1 EL Tresterschnaps (z. B. Marc de Provence; ersatzweise Grappa)
- 400 g kleine Aprikosen
- 100 g Himbeeren
- Butter für die Form

besonderes Werkzeug

- 1 Tarte- oder Auflaufform (26 – 28 cm Ø)

Zeitbedarf

- ca. 20 Minuten
- 30 Minuten quellen lassen
- 50 – 55 Minuten backen

So geht's

1. Eier und Zucker mit den Quirlen eines Handrührgeräts schaumig rühren. Das Mehl mit 1 Prise Salz darübergeben und unterrühren, dabei nach und nach die Milch und den Schnaps zugießen, bis ein glatter, sehr flüssiger und pfannkuchenähnlicher Teig entstanden ist. Den Teig im Kühlschrank 30 Minuten quellen lassen.
2. Aprikosen und Himbeeren vorsichtig waschen, in einem Sieb abtropfen lassen. Die Aprikosen halbieren und entsteinen. Den Backofen auf 180 °C (Ober- und Unterhitze; Umluft 160 °C) vorheizen. Die Form mit Butter einfetten. Etwa ein Drittel des Teigs in die Form gießen und im heißen Ofen (Mitte) knapp 10 Minuten vorbacken. Die Form aus dem Ofen nehmen und die Aprikosenhälften und die Himbeeren darauf verteilen. Mit dem übrigen Teig übergießen und im Ofen weitere 40 – 45 Minuten backen.
3. Die Form aus dem Ofen nehmen und die Galette etwas abkühlen lassen. In Kuchenstücke schneiden und lauwarm servieren.

ORANGENGRATIN *mit Eierschaum*

EIN SCHÖNER ABSCHLUSS FÜR EIN FEINES ESSEN: DAS „ORANGES GRATINÉES“ IST SCHNELL GEMACHT UND BEEINDRUCKT DIE GÄSTE.

Zutaten für 4 Portionen

- 4 große Orangen
- 2 EL Orangenlikör (z. B. Grand Marnier)
- Butter für die Förmchen
- 3 Eier (Größe M)
- Salz
- 50 g Zucker
- 2 EL Speisestärke
- 150 g Crème fraîche

besonderes Werkzeug

- 4 Gratinierförmchen (à ca. 200 ml)

Zeitbedarf

- ca. 50 Minuten
- 10 – 15 Minuten backen

So geht's

1. Die Orangen heiß abwaschen, trocken reiben und schälen. Dafür die Enden der Orangen abschneiden. Die Früchte mit einer Schnittfläche auf die Arbeitsplatte stellen und die Schale samt der weißen Innenhaut mit einem scharfen Messer von oben nach unten abschneiden. Über einer Schüssel die einzelnen Orangenfilets herausschneiden, den Saft dabei auffangen **[→a]**. Den Saft aus den Häuten mit den Händen auswringen. Die Orangenfilets zum aufgefangenen Saft geben, mit der Hälfte des Orangenlikörs vermengen und etwas ziehen lassen.
2. Den Backofen auf 225 °C (Ober- und Unterhitze; Umluft 200 °C) vorheizen. Die Förmchen mit Butter einfetten und die Orangenfilets darin verteilen. Mit der Marinierflüssigkeit beträufeln.
3. Die Eier trennen. Die Eiweiße mit 1 Prise Salz zu Schnee schlagen **[→b]**. Die Eigelbe und Zucker mit den Quirlen des Handrührgeräts schaumig schlagen. Die Stärke darübersieben und mit der Crème fraîche und dem restlichen Orangenlikör untermischen. Den Eischnee auf die Eigelbcreme häufen und mit einem Schneebesen oder Kochlöffel vorsichtig unterheben.
4. Den Eierschaum über die Orangenfilets verteilen und im Ofen (Mitte) auf einem Rost in ca. 15 Minuten goldbraun gratinieren lassen. Heiß servieren.

Dazu passt ein Dessertwein, wie z. B. ein Beaumes de Venise aus weißen Muskattrauben.

SO SCHMECKT'S AUCH | MIT ANDEREN FRÜCHTEN **Statt der Orangen lassen sich alle reifen, weichen Früchte der Saison verwenden. Härteres Obst wie Äpfel oder Birnen in Spalten schneiden und vorher kurz in Zuckersirup dünsten.**

DAS IST *wirklich* WICHTIG

[a] ORANGE FILETIEREN Die Orangenfilets sitzen zwischen den Trennhäuten des Orangenfruchtfleischs. Um sie herauszulösen, mit einem scharfen Messer das Fruchtfleisch ganz eng entlang der Trennwände einschneiden.

[b] EISCHNEE zum Lockern der Masse nicht zu steif schlagen – er soll gerade noch langsam vom Schneebesen abtropfen, sonst lässt er sich nicht gleichmäßig unter die Eigelbcreme heben.

ZITRONENTARTE

mit kandierten Zitronenscheiben

DIE ERFRISCHENDE „TARTE AU CITRON" WIRD NICHT NUR ZUM KAFFEE, SONDERN AUCH ALS FEINES DESSERT SERVIERT.

Zutaten für 8 – 10 Stücke

- 5 Eier (Größe M)
- 160 g Mehl
- Salz
- 160 g kalte Butter
- 200 g Zucker
- 3 Bio-Zitronen
- 1 TL Traubenzucker
- 1 TL Bourbon-Vanillezucker
- Butter für die Form
- 2 EL Puderzucker

besonderes Werkzeug

- 1 Tarte- oder Springform (26 cm Ø)

Zeitbedarf

- ca. 50 Minuten
- 30 Minuten kühlen
- 40 Minuten backen

So geht's

1. Für den Mürbeteig 1 Ei trennen. In einer Schüssel Mehl, 1 Prise Salz, 80 g Butter in Flöckchen, Eiweiß, 30 g Zucker und 2 EL kaltes Wasser rasch zu einem glatten Teig verkneten. Den Teig zu einer Kugel formen, in Folie wickeln und 30 Minuten kühlen.
2. Die Zitronen heiß waschen, trocken reiben. 1 Zitrone in 8 dünne Scheiben schneiden. In einem Topf 75 ml Wasser mit 50 g Zucker und dem Traubenzucker aufkochen, die Zitronenscheiben darin bei mittlerer Hitze 5 Minuten offen kochen, dann abkühlen lassen.
3. Für die Füllung von den übrigen Zitronen ca. 1 EL Schale fein abreiben, den Saft auspressen. Die restliche Butter in einem Topf schmelzen und lauwarm abkühlen lassen. Die übrigen Eier und das Eigelb, restlichen Zucker (120 g), Zitronenschale und Vanillezucker verrühren, bis sich der Zucker aufgelöst hat. Zitronensaft und flüssige Butter untermischen.
4. Den Backofen auf 200 °C (Ober- und Unterhitze; Umluft 180 °C) vorheizen. Nur den Boden der Form einfetten. Den Teig zwischen zwei Frischhaltefolien etwas größer als die Form ausrollen, die Form damit auslegen und einen 2 – 3 cm hohen Rand formen. Den Teigboden mit einer Gabel mehrmals einstechen und im Ofen (Mitte) 10 Minuten vorbacken. Die Füllung auf den Tarteboden gießen und weitere ca. 25 Minuten backen, bis sie fest geworden ist. Die Tarte aus dem Ofen nehmen, den Grill einschalten.
5. Die Zitronenscheiben aus dem Sirup heben und auf die Füllung legen. Den Puderzucker darüberstäuben und im Ofen (oben) in ca. 3 Minuten leicht karamellisieren lassen.

APRIKOSENTARTE
mit Mandelcreme

FÜR DIE „TARTE AUX ABRICOTS" SIND DIE KLEINEN, AROMATISCHEN APRIKOSEN, DIE ES VOR ALLEM IM JULI GIBT, AM BESTEN GEEIGNET.

Zutaten für 6–8 Stücke

- 2 Eier (Größe M), 100 g Mehl
- Salz, ½ TL Backpulver
- 50 g kalte Butter
- 400 g kleine, aromatische Aprikosen
- 50 g gehäutete, gemahlene Mandeln
- 50 g weiche Butter
- 1 EL Zucker
- 1 TL Speisestärke
- 2 EL Aprikosengeist (z. B. eau de vie d'abricots)
- Butter für die Form
- Puderzucker zum Bestäuben

besonderes Werkzeug
- 1 Tarte- oder Springform (22 cm Ø)
- Pürierstab

Zeitbedarf
- ca. 35 Minuten
- 30 Minuten kühlen
- 30–40 Minuten backen

So geht's

1. Für den Mürbeteig 1 Ei trennen. In einer Schüssel Mehl, 1 Prise Salz, Backpulver, kalte Butter in Flöckchen, Eiweiß und 1 EL kaltes Wasser rasch zu einem glatten Teig verkneten. Den Teig zu einer Kugel formen, in Folie wickeln und 30 Minuten kühlen.
2. Die Aprikosen waschen, trocken tupfen und entsteinen. Dafür die Früchte entlang der „Naht" rundum einschneiden, die Hälften gegeneinander drehen, voneinander lösen und die Steine entfernen.
3. Für die Mandelcreme die gemahlenen Mandeln mit dem übrigen Ei und dem Eigelb, weicher Butter, Zucker, Stärke und Aprikosengeist glatt rühren und mit dem Pürierstab kurz durchmixen.
4. Den Backofen auf 200 °C (Ober- und Unterhitze; Umluft 180 °C) vorheizen. Nur den Boden der Form einfetten. Den Teig zwischen zwei Frischhaltefolien etwas größer als die Form ausrollen, die Form damit auslegen und einen 2–3 cm hohen Rand formen. Den Teigboden mit einer Gabel mehrmals einstechen und im Ofen (Mitte) 10 Minuten vorbacken.
5. Den Tarteboden aus dem Ofen nehmen, die Aprikosenhälften dicht nebeneinander, mit der Schnittfläche nach unten, daraufsetzen. Die Mandelcreme über die Aprikosen streichen und im Ofen in weiteren 20–30 Minuten backen, bis die Mandelcreme leicht gebräunt ist. Abkühlen lassen und mit Puderzucker bestäuben.

KÜCHENGEHEIMNIS | MÜRBETEIG **darf nicht zu gründlich geknetet werden, sonst wird er beim Backen nicht knusprig. Am besten mit den Knethaken des Handrührgeräts nur 2–3 Minuten vermischen, bis keine Butterflocken mehr zu erkennen sind, dann noch einmal kurz mit den Händen durchkneten.**

KÜRBISTARTE
mit Butterkaramell

FÜR DIE „TARTE AUX COURGES" WERDEN GESCHMORTE KÜRBISSCHEIBEN AUF EINEM MÜRBETEIG MIT KARAMELLSAUCE GEBACKEN.

Zutaten für 8 – 10 Stücke

- 3 Eier (Größe M)
- 150 g Mehl
- Salz
- 125 g Zucker
- 200 g kalte Butter
- 500 g Kürbisfleisch (geputzt; z. B. Muskatkürbis)
- 100 g Crème fraîche
- Butter für die Form
- Puderzucker zum Bestäuben

besonderes Werkzeug

- 1 Tarte- oder Springform (24 cm Ø)

Zeitbedarf

- ca. 45 Minuten
- 30 Minuten kühlen
- 35 – 40 Minuten backen

So geht's

1. Für den Mürbeteig 1 Ei trennen. In einer Schüssel Mehl, 1 Prise Salz, 25 g Zucker, 100 g kalte Butter in Flöckchen, Eiweiß und 1 EL kaltes Wasser rasch zu einem glatten Teig verkneten. Den Teig zu einer Kugel formen, in Folie wickeln und 30 Minuten in den Kühlschrank legen.
2. Für den Belag das Kürbisfleisch in 0,5 cm breite Scheiben schneiden. Den restlichen Zucker in eine große Pfanne streuen und bei mittlerer Hitze schmelzen lassen, bis er goldbraun ist. Dann die restliche Butter dazugeben und aufschäumen lassen. Die Kürbisscheiben in dem Butterkaramell auf jeder Seite 5 Minuten sanft schmoren, dann mit einer Schaumkelle auf einen Teller heben. In den verbliebenen Karamell die Crème fraîche einrühren, aufkochen lassen. Dann die Pfanne vom Herd nehmen und die Karamellsauce etwas abkühlen lassen.
3. Den Backofen auf 200 °C (Ober- und Unterhitze; Umluft 180 °C) vorheizen. Nur den Boden der Form einfetten. Den Teig zwischen zwei Frischhaltefolien etwas größer als die Form ausrollen, die Form damit auslegen und einen 2 – 3 cm hohen Rand formen. Den Teigboden mit einer Gabel mehrmals einstechen und im Ofen (Mitte) 10 Minuten vorbacken.
4. Inzwischen die Karamellsauce mit den restlichen Eiern und dem Eigelb verquirlen. Die Kürbisscheiben auf dem vorgebackenen Tarteboden auslegen und mit dem Butterkaramell übergießen. Die Tarte weitere 25 – 30 Minuten backen, bis die Oberfläche leicht gebräunt ist. Mit Puderzucker bestäubt lauwarm servieren.

MANDELCREME
mit Lavendel

NACH EINEM ÜPPIGEN MENÜ IST DIE LEICHTE UND SOMMERLICHE „BLANC-MANGER AUX AMANDES" GENAU DAS RICHTIGE.

Zutaten für 4 Portionen

- 375 ml Milch
- 2 TL getrocknete Lavendelblüten (Bioladen)
- 6 Blatt weiße Gelatine
- 100 g Marzipan-Rohmasse
- 4 EL Puderzucker
- 125 g Ziegenfrischkäse (Kühlregal oder s. Rezept Seite 16/17)
- 100 g kalte Sahne
- 300 g Himbeeren
- 2 EL Zucker
- 1 TL frisch gepresster Zitronensaft

besonderes Werkzeug
- Mixer
- 4 Dessert- oder Sturzförmchen (à ca. 250 ml)

Zeitbedarf
- ca. 30 Minuten
- 4 Stunden kühlen

So geht's

1. Die Milch mit den Lavendelblüten in einem Topf erhitzen. Kurz bevor die Milch überkocht, den Topf vom Herd nehmen und abkühlen lassen, dann durch ein Sieb gießen. Die Gelatineblätter in kaltem Wasser einweichen.
2. Das Marzipan in Stücke schneiden, mit Puderzucker und ¼ l Lavendel-Milch im Mixer zu einer glatten Masse zerkleinern und in eine Schüssel füllen. Die restliche Lavendel-Milch erneut erhitzen. Die Gelatineblätter ausdrücken und in der heißen Milch auflösen. Die Gelatinemilch und den Frischkäse unter die Marzipanmasse rühren, in den Kühlschrank stellen.
3. Sobald die Masse zu stocken beginnt – das erkennt man daran, dass ein Löffel beim Durchrühren eine deutliche Spur hinterlässt – die Sahne steif schlagen und erst wenig kräftig unterrühren, dann den Rest locker unter die Masse heben. Die Förmchen kalt ausspülen, die Marzipancreme einfüllen, mit Frischhaltefolie abdecken und im Kühlschrank in 4 Stunden fest werden lassen.
4. Kurz vor dem Servieren die Himbeeren verlesen, bei Bedarf waschen. 8 Beeren für die Garnitur beiseitelegen. Übrige Beeren mit 3 EL Wasser, Zucker und Zitronensaft im Mixer pürieren, durch ein Sieb streichen. Die Creme aus den Förmchen lösen, dafür mit einer Messerspitze zwischen Creme und Förmchenrand entlangfahren, die Förmchen kurz in heißes Wasser halten, dann auf Teller gleiten lassen. Mandelcreme mit restlichen Himbeeren garnieren und die Himbeersauce darüberlöffeln.

SO SCHMECKT'S AUCH | MIT MANDELN **Für die klassische Zubereitung 175 g gehäutete Mandeln mit 75 ml Wasser pürieren, Masse erhitzen. Ein feines Sieb mit einer Stoffserviette auslegen, Mandelmasse einfüllen und abtropfen lassen. Rückstände im Tuch fest ausdrücken. Flüssige Mandelmasse mit 8 EL Puderzucker mischen und wie die Marzipanmasse oben weiterverarbeiten.**

DAS IST *wirklich* WICHTIG

[a] ZITRUSFRÜCHTE AUSHÖHLEN

Das geht am besten mit einem scharfkantigen Teelöffel oder einem Kugelausstecher. Dabei aufpassen, dass Sie die Schale der Mandarinen nicht beschädigen.

MANDARINEN-SORBET

mit Thymian

IN GRASSE WIRD DAS „SORBET À LA MANDARINE" MIT EINEM KLECKS JASMIN-KONFITÜRE UND FRISCHEN JASMINBLÜTEN SERVIERT.

Zutaten für 4 Portionen

- 4 große Mandarinen
- 135 g Zucker
- 2 Zweige Thymian
- 2 frische Eiweiße (Größe M)
- 4 EL Apfelgelee
- 2 EL Orangenblütenwasser (Asia-Laden)
- feine Thymianzweige zum Garnieren

besonderes Werkzeug
- Pürierstab
- Spritzbeutel mit breiter Kronentülle (nach Belieben)

Zeitbedarf
- ca. 30 Minuten
- 3 Stunden gefrieren

So geht's

1. Die Mandarinen heiß waschen, trocken reiben und einen Deckel abschneiden. Über einer Schüssel das Fruchtfleisch vorsichtig auslösen [→a]. Das Fruchtfleisch in ein sauberes Tuch geben und den Saft fest auspressen und auffangen. Die ausgehöhlten Schalen in das Tiefkühlfach stellen.
2. In einem Topf 350 ml Wasser mit 100 g Zucker aufkochen, in ca. 5 Minuten sirupartig einkochen lassen. Den Mandarinensaft zugeben und kurz mitkochen, dann abkühlen lassen.
3. Den Thymian waschen, trocken schütteln, die Blättchen abstreifen und fein hacken. Den Mandarinensirup durch ein feines Sieb in eine flache Metallform gießen, den Thymian untermischen. Die Form ca. 1 Stunde in das Tiefkühlfach stellen und den Mandarinensirup anfrieren lassen.
4. Die Eiweiße mit dem restlichen Zucker sehr steif schlagen. Unter das halb gefrorene Sorbet rühren und nochmals ca. 2 Stunden gefrieren lassen, dabei alle 30 Minuten mit einer stabilen Gabel kräftig durchrühren, damit sich keine großen Eiskristalle bilden.
5. Vor dem Servieren das Apfelgelee leicht erwärmen, bis es flüssig ist, dann das Orangenblütenwasser einrühren. Das Sorbet aus der Form schaben und mit dem Pürierstab zu einer geschmeidigen Masse mixen. In die gefrosteten Mandarinenschalen füllen oder nach Belieben mit dem Spritzbeutel einspritzen. Mit jeweils einem Klecks Gelee und Thymian garnieren.

SO SCHMECKT'S AUCH | MELONEN-SORBET **Statt Mandarinensaft 200 g Melonenfleisch mit dem Sirup zu Püree mixen und wie im Rezept gefrieren lassen. Zum Servieren zu Kugeln formen und mit Basilikumblättchen garnieren.**

MELONENKONFITÜRE

mit Lavendel

DIE AROMATISCH-SÜSSE „CONFITURE DE MELON" SCHMECKT NICHT NUR AUF BAGUETTE, SONDERN AUCH ZU WÜRZIGEM ZIEGENKÄSE.

Zutaten für 2 Gläser

- 1 Cavaillon-Melone (ca. 1 kg; ersatzweise Honigmelone)
- ca. 400 g Gelierzucker 1:1
- 4 Zweige frischer Lavendel mit Blüten (ersatzweise 2 EL getrocknete Lavendelblüten)
- 50 ml Weißwein
- 1 EL Zitronensaft

besonderes Werkzeug

- 2 Schraubgläser (à 250 ml)

Zeitbedarf

- ca. 35 Minuten
- 30 Minuten ziehen lassen

So geht's

1. Gläser und Deckel mit kochend heißem Wasser übergießen und auf einem Küchentuch trocknen lassen. Die Melone halbieren und die Kerne samt faserigem Fruchtfleisch auskratzen. Die Hälften in Spalten schneiden und das Fruchtfleisch von der Schale lösen, würfeln, abwiegen und in einen Topf geben. Das Fruchtfleisch mit der gleichen Menge Gelierzucker bestreuen und zugedeckt 30 Minuten Saft ziehen lassen.
2. Den Lavendel waschen, trocken schütteln, die Blättchen abzupfen und fein schneiden, die einzelnen Blüten ebenfalls abzupfen. Die Blättchen mit dem Wein mischen und 20 Minuten ziehen lassen.
3. Den aromatisierten Weißwein durch ein Sieb zum Melonenfruchtfleisch gießen. Lavendelblüten und Zitronensaft in den Topf rühren. Alles bei starker Hitze unter Rühren aufkochen, dann 5 Minuten bei mittlerer Hitze sprudelnd kochen lassen, dabei ständig weiterrühren. Vorsicht, die Mischung schäumt stark.
4. Konfitüre kochend heiß in die sterilen Gläser füllen und fest verschließen. Wenn die Konfitüre ein wenig abgekühlt ist, die Gläser auf den Deckel stellen, damit sich die Lavendelblüten gleichmäßig darin verteilen.

Kühl und dunkel aufbewahrt, ist die Konfitüre ca. 1 Jahr haltbar.

SO SCHMECKT'S AUCH | MIT THYMIAN **Statt Lavendel die gleiche Menge Thymianblättchen in Wein einweichen und Thymianblüten unter die Konfitüre mischen.**

MARMELADE

aus dreierlei Zitrusfrüchten

DIE „CONFITURE AUX TROIS AGRUMES" IST EINE SPEZIALITÄT DES BENEDIKTINERKLOSTERS IN LE BARROUX.

Für 5 Gläser

- 200 g Bio-Orangen
- 200 g Bio-Zitronen
- 200 g Bio-Grapefruit
- 250 g Zucker
- 250 g Gelierzucker 1:1

besonderes Werkzeug
- Pürierstab
- 5 Schraubgläser (à 250 ml)

Zeitbedarf
- ca. 20 Minuten
- 1 Stunde kochen

So geht's

1. Die Zitrusfrüchte heiß waschen und trocken reiben. Die Früchte quer halbieren und die Kerne mit einer Messerspitze entfernen. Die Hälften nochmals längs halbieren und die Viertel quer mit einem sehr scharfen Messer in 1 mm dünne Scheiben schneiden, dabei die eventuell verbliebenen Kerne entfernen und den Saft auffangen (das geht am besten auf einem flexiblen Kunststoff-Schneidebrett).
2. Die Zitrusscheiben mit dem aufgefangenen Saft in einen Topf füllen, 600 ml Wasser dazugießen und aufkochen lassen. Zugedeckt bei schwacher Hitze 45 Minuten sanft köcheln lassen. Gläser und Deckel mit kochend heißem Wasser übergießen und auf einem Küchentuch trocknen lassen.
3. Die Zitrusmischung im Topf mit dem Pürierstab glatt pürieren und abkühlen lassen, dann beide Zuckersorten unterrühren und alles nochmal unter Rühren aufkochen lassen. Offen bei mittlerer Hitze unter ständigem Rühren 10 Minuten kochen. Kochend heiß in die sterilen Gläser füllen und fest verschließen. Sobald die Marmelade etwas abgekühlt ist, die Gläser ab und zu wenden.

Kühl und dunkel aufbewahrt, ist die Konfitüre ca. 1 Jahr haltbar.

KÄSEKUCHEN
mit Zitronenmelisse

DER SÜSSE „GÂTEAU AU BROUSSE“ SCHMECKT WARM ODER KALT UND WIRD KLASSISCH MIT KONFITÜRE UND FRISCHEN MANDELN SERVIERT.

Zutaten für 8 – 10 Stücke

- 100 g Butter
- 4 Eier (Größe M)
- 150 g feiner Zucker
- 250 g Ziegenfrischkäse (Kühlregal oder s. Rezept Seite 16/17)
- 200 g Crème fraîche
- 1 Bio-Zitrone
- 1 Bund Zitronenmelisse
- Salz
- Butter für die Form
- 150 g ungehäutete Mandeln
- 100 g Melonenkonfitüre (s. Rezept Seite 136; nach Belieben)

besonderes Werkzeug
- 1 Tarte- oder Springform (24 cm Ø)

Zeitbedarf
- ca. 30 Minuten
- 45 – 50 Minuten backen

So geht's

1. Die Butter in einem Topf bei mittlerer Hitze einmal kräftig aufschäumen, dann lauwarm abkühlen lassen. Die Eier trennen. Eigelbe und Zucker mit den Quirlen des Handrührgeräts dick-cremig schlagen. Den Ziegenfrischkäse zur Eigelbcreme bröckeln und mit der Crème fraîche und der flüssigen Butter unterrühren.
2. Die Zitrone heiß waschen, trocken reiben und die Schale fein abreiben. Zitronenmelisse waschen und trocken schütteln, die Blättchen abzupfen. Einige Blättchen für die Garnitur beiseitelegen, den Rest sehr fein hacken und mit dem Zitronenabrieb unter die Frischkäsemasse rühren. Den Backofen auf 160 °C (Ober- und Unterhitze; Umluft 145 °C) vorheizen.
3. Die Eiweiße mit 1 Prise Salz nicht zu steif schlagen und 1 – 2 EL davon kräftig unter die Frischkäsemasse rühren, dann erst den Rest locker unterheben.
4. Die Form mit Butter ausstreichen und die Käsemasse einfüllen. Den Kuchen im Ofen (Mitte) 45 – 50 Minuten backen. Zur Probe ein Holzstäbchen einstechen und wieder herausziehen – wenn kein Teig daran kleben bleibt, ist der Kuchen fertig.
5. Die Mandeln in einer Schüssel mit kochendem Wasser übergießen, 10 Minuten ziehen lassen, dann aus den braunen Häuten drücken. Mandeln auf einem Backblech ausbreiten. Den Kuchen aus dem Ofen nehmen und etwas abkühlen lassen, die Mandeln ca. 10 Minuten im heißen Ofen rösten. Den Käsekuchen aus der Form lösen und mit Mandeln und Melisse garnieren. Nach Belieben einen Klecks Melonenkonfitüre dazu servieren.

Dazu schmeckt ein himbeer-fruchtiger Roséwein, z. B. ein Tavel.

REZEPTREGISTER

THEMENREGISTER

LASSEN SIE SICH VERFÜHREN

Open-Air-Genuss für Frischluftschnäbel und Schlemmermäuler

Ob gemütlicher Brunch auf dem Balkon, Picknick im Grünen, Grillparty oder Sommerfest mit Freunden im Garten – es finden sich viele Anlässe, unter freiem Himmel zu schlemmen. Für alle Gelegenheiten hat Rose Marie Donhauser in ihrem Buch „Draußen genießen" die geeigneten kulinarischen Begleiter zusammengestellt. Alle Rezepte sind unkompliziert, gut vorzubereiten und immer stehen erntefrische Zutaten vom Wochenmarkt oder aus dem eigenen Garten im Mittelpunkt. Zusätzliche Tipps und Tricks für die Planung und Vorbereitung sorgen dafür, dass dem entspannten Genuss mit Familie und Freunden nichts im Wege steht.

Rose Marie Donhauser
Draußen genießen
160 Seiten, 120 Abbildungen, €/D 19,95

KULINARISCHE REISEN

Für sonnenverwöhnte Gaumen und internationale Feinschmecker

Carlo Bernasconi • Marlisa Szwillus
Italia
240 Seiten, 227 Abbildungen, €/D 29,90

Annemarie Lenze
California
224 Seiten, 242 Abbildungen, €/D 29,95

AKTEURE

Reinhardt Hess ist an der hessischen Bergstraße aufgewachsen, rührte schon als kleiner Junge in den Kochtöpfen seiner Großmutter. Nach dem Ökologiestudium und vielen Reisen nach Frankreich machte er sein Hobby zum Beruf und wurde in München Journalist für Essen und Wein. Anschließend arbeitete er als Redaktionsleiter in Koch- und Naturbuchverlagen, bis er sich schließlich selbstständig machte. Inzwischen hat er über 60 Koch- und Weinbücher geschrieben, viele davon wurden übersetzt und etliche mit Medaillen ausgezeichnet. Aber die aromatische, gemüsebetonte und von Frische geprägte Küche der Provence schätzt er nach wie vor am meisten.

Manuela Rüther ist gelernte Köchin und Patissière und kochte sich nach dem Abitur durch Sterneküchen in Berlin, Wuppertal, der Pfalz und Köln. Nach dem Studium der Medienwissenschaften und einem Praktikum bei einem der größten Food-Magazine Deutschlands, machte die passionierte Fotografin ihr langjähriges Hobby zu ihrem Beruf. Seit 2008 arbeitet sie als selbstständige Fotografin und Autorin. Ihre Bilder, Geschichten und Rezepte erscheinen regelmäßig in Magazinen und Kochbüchern. Für ihre Fotostrecke „Schwein und Mensch" gewann sie 2010 den „Food Feature Award" beim Internationalen Foodphotofestival in Tarragona. Bei der Produktion dieses Buches wurde sie von Thomas Epping (Fotoassistenz), Julia Floss, Christine Rüther (Kochen) und Marén Wirths (Styling) unterstützt. Mehr zu Manuela Rüther unter www.elaruether.de.

Ein Dankeschön geht auch an Robert Jan von Straaten und Mélanie Wenger (Hotel Villa Belrose), Vinciane Bruyère, Biggi Reuscher, Office de Tourisme de Port-Saint-Louis du Rhône, Familie Santi, Beatrice Schmidt und Gabrielle – Le Clos de la Bruyère, Claudia und Paul, Der Junge Garten, Megumi Fukuoka, Confiserie Lilamand, Smeg, Schulte-Ufer, Jean Dubost, Kupfermanufaktur Weyersberg GmbH.

IMPRESSUM

Mit 122 Farbfotos von Manuela Rüther

Umschlaggestaltung von Gramisci Editorialdesign, München, unter Verwendung zweier Fotos von Manuela Rüther.

Rezepte, Geling-Tipps, Infos zum KOSMOS-Kochbuch-Programm und vieles mehr unter **kosmos.de/gut-gekocht**

Unser gesamtes lieferbares Programm und viele weitere Informationen zu unseren Büchern, Spielen, Experimentierkästen, DVDs, Autoren und Aktivitäten finden Sie unter **kosmos.de**

Gedruckt auf chlorfrei gebleichtem Papier

ISBN 978-3-440-13008-7
Projektleitung: Dr. Eva Eckstein
Lektorat: Stephanie Schönemann
Gestaltungskonzept und Layout:
Gramisci Editorialdesign, München
Satz: Cordula Schaaf, Grafik Design, München
Produktion: Eva Schmidt
Printed in Germany / Imprimé en Allemagne

FSC www.fsc.org MIX Papier aus verantwortungsvollen Quellen FSC® C004592